国家社科基金一般项目"国际质量阶梯分工新格局下中国制造质量强国的出口技术路径研究"阶段性成果（14BJL049）

质量经济研究丛书

质量经济学研究

RESEARCH
ON
QUALITY ECONOMICS

刘伟丽 编著

社会科学文献出版社
SOCIAL SCIENCES ACADEMIC PRESS (CHINA)

摘　要

　　质量发展是当今中国最重要和最迫切的问题之一，国务院发布了《质量发展纲要（2011－2020年）》和《中共中央　国务院关于开展质量提升行动的指导意见》，建设"质量强国"成为提升产品和服务质量、推进国内产业转型升级承接国际产业转移的重要战略。党的十九大报告指出，"必须坚持质量第一、效益优先，以供给侧结构性改革为主线，推动经济发展质量变革、效率变革、动力变革，……建设现代化经济体系，必须把发展经济的着力点放在实体经济上，把提高供给体系质量作为主攻方向，显著增强我国经济质量优势"。提出当前经济发展需要"质量变革、效率变革、动力变革"三大变革，其中质量变革是做为引领的首要变革。充分说明质量对于当前中国经济发展具有至关重要的支撑和推动作用。

　　从"质量时代"的提出，到"质量强国"作为"加快建设创新型国家"的重要组成部分，充分说明了当前"我国经济已经由高速增长阶段转向高质量发展阶段"，中国的经济社会发展已经到了由"量变"转向"质变"的阶段。中国经济维持高速增长以来，结构性问题和矛盾凸显，随着经济社会发展进入新常态，站在新的历史起点上，中国需要一场解决矛盾、回归平衡的变革，而第一个变革的突破口就是质量变革，中国经济社会发展即将面临的质量变革是一种全方位的变革，不仅要解决当前经济社会中存在的质量问题，而且要全方位提升中华民族质量意识和质量文化。这同时也是一场全民参与的变革，是塑造中国质量文化自信力的重要变革，首要的是质量经济领域的变革。

　　本书主要在国内发展和国际竞争的背景下，以质量变革为切入点，研究质量经济学领域的问题，首先，定义狭义和广义的质量，并从单位价值、市场份额、技术复杂度、平均收入、国际质量认证、质量指标体系等角度对质量进行测度；其次，研究质量异质性与产品异质性的关系，并进一步研究质量异质性与价格、企业行为、产品种类选择、关税传递等的关系；再次，研究质量升级问题，质量提升和质量升级是相关性极强的问题，一个是渐变的过程，一个是突变的过程，质量提升和质量升级对消费者、企业和员工都具有重要的作用；最后，研究质量与生产率、质量与创新、质量与收入分配、质量与竞争、质量与汇率、质量与品牌、制度质量与经济增长的关系。本书尝试从经济的视角切入，分析和研究质量与经济之间的互动联系，质量提升对经济发展具有重要的推动作用，经济发展能带动质量持续改善，创新了一条质量研究和经济研究的新路。

序

黄群慧

（中国社会科学院工业经济研究所所长、研究员）

质量，是一个日常被广泛使用的词语，在物理学中是指物体所具有的一种物理属性，是对物质的量的度量。在社会经济中更广泛地被认为是事物、工作、产品满足要求的程度。在 ISO9000 中，国际标准化组织将质量界定为一组固有特性满足相关方要求的程度。在微观层面，质量常被分为产品质量、服务质量、工程质量和环境质量等，质量管理学和全面质量管理方法为企业提供了关于质量的系统科学的认识和操作性指南。与微观层面相比，政府有关质量的管理，主要是计量、标准、认证认可、检验检测等国家质量基础设施。在政府经济管理中，虽然经常使用经济发展质量、经济增长质量和效率，甚至还有人提出所谓的"GDP质量"，但经济学基本上没有把质量纳入自己的分析框架中。现有的一些对质量问题的经济学研究主要分为两方面，一是从质量的经济性角度，也就是质量的成本—收益角度研究质量问题，这些研究虽然可以扩大到社会经济领域，但与微观质量管理比较接近，相对比较狭义；二是更广泛意义的质量经济问题，主要研究质量问题在社会经济发展中的地位和作用、质量范畴所反映的社会经济关系，以及提高质量的社会经济条件。这方面的研究提出了质量供给和质量需求的范畴，并将经济学的供求关系划分为总量供求关系、部门供求关系、质量供求关系，认为随着经济发展水平的提高，质量供求不协调问题会更加突出，总量供求关系和供求结构的不协调往往是因为质量供求不协调。应该说，这方面的研究在一定程度上给我们今天关于提高供给质量、化解结构性失衡的政策导向提供了一些理论基础。

党的十九大指出："我国经济已由高速增长阶段转向高质量发展阶段"，"必须坚持质量第一、效益优先，以供给侧结构性改革为主线，推动经济发展质量变革、效率变革、动力变革，提高全要素生产率……建设现代化经济体系，必须把发展经济的着力点放在实体经济上，把提高供给体系质量作为主攻方向，显著增强我国经济质量优势"。高质量发展的内涵、质量变革的特征、经济质量新优势的体现都需要深入研究，中国发展的质量时代需要进一步丰富中国特色质量经济学学科。

摆在读者面前的这本书，是一本以质量经济学为主题展开研究的专著。本书综合研究了质量与经济领域的重要内容，从质量的界定和内涵出发开始，延展地研究经济质量、质量测度、质量异质性和质量升级等问题，这些问题是经济学领域中研究质量的难点和重点。同时，此书结合高质量经济发展的相关问题展开了探析，包括生产率、创新、收入分配、竞争、汇率、品牌、制度等，分析了质量对这些经济领域产生影响的理论依据和这些经济领域对于质量的传递机制。同时，作者在深圳大学开设了质量经济学的硕士生和本科生课程。

质量经济学的研究还处于初步发展阶段，本书的尝试在一定程度上具有创新意义。当然，这门学科的理论研究和实践发展都需要更多的学者来更深入地研究。当前对于质量经济学学科的系统性研究还有待继续加强，与质量相关的经济学领域的问题还可以延展开来，最终形成中国特色的质量经济学，从质量的视角解释中国道路多年的实践。

2018 年 1 月 16 日书于北京

自　序

质量是一门科学，是一门艺术，是文、理、工兼容的交叉学科，需要更多的学者从不同的侧面探寻质量的真谛。有关质量的理论、研究与应用无处不在，国家、地方、企业、个人的发展都需要植入质量的思想，质量是引领发展的重要基石。尤其是当今中国步入质量时代，经济社会进入了质量变革和高质量发展的时期，质量成为经济社会发展程度与方向的重要衡量指标。

狭义的质量是指符合性、适用性、可靠性等。广义上的质量不仅包括产品服务的质量，还包括经济社会发展方方面面的质量，所以探寻质量与经济发展的相互作用机制成为重要的研究课题。质量经济学是融汇经济学、管理学、统计学、社会学、文学、历史学等的一门交叉学科。

本书从经济学的视角研究和诠释质量领域的问题，既是笔者近十年研究质量经济问题的思考和总结，也是首次开设质量经济学研究生专业选修课程的研究成果，希望本书可以起到抛砖引玉的作用，未来有更多的学者来研究质量问题。

在经济学领域研究质量问题，遇到的最难以突破的问题就是如何从经济学的视角来定义和研究质量，经济学的实证研究特征使得质量的测度成为质量经济学面对的首要问题。本书首先从质量和质量测度的视角入手，采用单位价值、市场份额、技术复杂度、平均收入、国际质量认证、质量指标体系等来衡量产品质量，并进一步对中间产品质量进行测度，从而测度中间产品质量对最终产品质量的影响。其次探寻质量异质性问题。质量差异是企业异质性的重要来源，质量异质性成为研究企业和产品异质性的重要指标，本书将质量内化为异质性产品或企业的模型中，并衍生出质量异质性与价格、企业行为、产品种类选择、关税传递等的相关研究。最后，从产业升级延展到质量升级。质量升级对经济发展有两方面的影响：一是价格提高效应；二是逃避竞争效应。企业不断进行质量升级的动力机制包括消费者质量偏好的变化这一外在因素和企业追求利润最大化这一内在因素。质量升级会影响消费者、企业、员工等的福利。

在经济发展中，质量不是单独起作用的，需要结合其他重要的经济元素从而推动经济社会向高质量发展。本书研究了质量与生产率、质量与创新、质量与收入分配、质量与竞争、质量与汇率、质量与品牌、制度质量与经济增长等问题，从而厘清质量对经济社会发展的重要作用和经济社会发展对质量提升的作用机理。尽管理论研究不断深入，实践不断发展变化，但是质量经济学的研究实践仍然非常薄弱，研究还有待深入，本书也有很多领域没有涉足，如质量与标准、质量与检疫、质量与文化等，因此，质量发展永无止境，质量研究更需要持续的关注。

2018 年 1 月书于深圳荔园

目 录

导　论

　　质量对于任何组织而言都具有重要的意义，提供高质量的产品、服务和过程可以为一个组织赢得更高的声誉、竞争力、市场份额等；同时，始终坚持高质量发展的组织，能够形成独特的质量文化，不仅能够解决质量问题，而且可以超越顾客期望，为社会持续提供更高质量的产品（朱兰、德费欧，2014）。从经济学的角度诠释质量，首先遇到的问题是度量问题，经济学者从单位价值、市场份额、技术复杂度、平均收入、国际质量认证、质量指标体系等角度来衡量产品的经济质量。伴随着垂直专业化分工的发展，产品日益在多个国家、多个企业进行生产，产品内贸易日益成为主要的贸易方式，所以中间产品质量对于最终产品质量具有重要的意义，中间产品界定和中间产品质量的测度也成为重要的研究领域。

　　在经济学领域，比较经典的两种研究产品质量的方法是供需平衡模型和南北贸易模型，很多学者在这两个模型的基础上，对质量问题进行理论探讨和实证分析。在这两个模型的基础上，很多学者从产品同质性到产品异质性，从而研究质量异质性问题。质量异质性有企业质量异质性和产品质量异质性两类，可以将产品质量异质性植入企业供需模型中，探讨价值、贸易、出口行为、产品种类、关税传递等与质量异质性的关系。

　　质量发展永无止境，质量提升是渐进的过程，质量升级是渐变的过程，质量升级通过价格提高和逃避竞争效应来影响经济发展，其动力机制包括消费者需求偏好和生产者利益驱使，最终产品和中间产品都存在质量升级问题，并且通过贸易、收入分配、投资、政府政策等影响质量升级，企业、行业和政府都可以推动质量升级。

质量对经济社会发展具有重要的作用，经济社会发展对质量的提升也有一定的作用机理。质量作为内生变量植入经济发展模型中，质量与生产率的关系比较明显，生产高质量产品的企业相对具有较高的生产率，企业根据其生产率水平选择质量水平，企业通过提高质量可以获得效益，如同提高生产率和降低成本可以带来收益一样。

质量引领发展，创新驱动增长，质量和创新相互作用相互推动，创新进一步提高技术复杂度，提高产品质量，促进质量升级。企业层面的创新和质量的战略选择往往存在矛盾，质量和创新都对新产品绩效产生影响。在生产环节，创新要素作为投入提升质量；在产出环节，新产品和专利技术等创新结果引致质量升级。

产品的竞争从供给决定发展到需求决定，收入分配是决定产品质量的关键因素，针对产品的研究，除了扩展边际和集约边际，还存在质量边际，收入较高的国家生产、消费、出口质量较高的产品。一方面，收入分配通过影响供给和需求，从而影响产品质量选择；另一方面，产品质量升级对收入差距具有不确定的影响。

除了价格竞争因素之外，国际间产品竞争的一个至关重要的方面就是产品质量的竞争。一方面，日益加剧的竞争冲击了国内外的产品市场，激励企业提升产品质量；另一方面，质量升级对企业的利润有正向的影响，能够抵御低质量企业的竞争。在国际竞争中，汇率波动通过传导机制对质量和贸易起作用，在企业的市场定价行为中，质量是决定因素，汇率波动会带来质量成本。

在"柠檬市场"中，质量信息是不对称的，存在"道德风险"和"逆向选择"，而且品牌和标准的固定，会减少质量信息不对称问题，企业、地区、国家质量声誉的培育将会有助于解决企业和消费者之间的质量信息不对称，避免交易陷入"低质量陷阱"。

制度建设对经济发展具有重要的作用，内生化的高质量制度可以降低经济决策者的不确定性和提高生产者行为激励的程度，减少制度交易成本，提高契约执行效率，促进经济发展。

总之，本书从质量内涵和质量测度出发，研究了质量异质性和质量升级问题，进而分析质量与生产率、质量与创新、质量与收入分配、质量与竞争、质量与汇率、质量与品牌、制度质量与经济发展等的关系，未来还可以继续研究质量与文化、质量与标准、质量与检疫等。

第一章 质量、测度与方法

第一节 质量内涵与外延

人们对质量的认识与其开展质量管理活动是同步发展的，质量的内涵是在实践中逐步形成和发展的。19 世纪 80 年代以来，人们对质量的要求逐步提升，对质量的理解逐步深入，至今，质量的内涵和外延仍在不断丰富和拓展。根据现有研究可以知道，质量概念的发展经历了以下几个阶段。朱兰、德费欧（2014）主张质量意味着适用性（Fitness for Use），并构造了一个新的定义，认为质量意味着适目的性（Fitness for Purpose），即生产的产品或服务都必须适合其目的，为了适应目的，任何产品和服务都必须具备能够满足顾客需要的正确特征，并且以最少的失效性来加以提供，必须能够真正满足顾客的要求，并取得优异的绩效。

一 符合性质量

ISO 8402：1986《质量——术语》（Quality-Vocabulary）对质量做出了如下定义：反映产品或服务满足规定或潜在需要能力的特征和特性之总和。其修订版本 ISO 8402：1994《质量管理和质量保证——术语》（Quality Management and Quality Assurance-Vocabulary）对质量做出了如下定义："质量是反映实体（Entity；Item），满足明确需要和隐含需要能力的特性总和。"其中明确需要指出的是如法律、标准、规范、合同、技术资料等规定的需要；隐含需要则包括消费者或社会对产品的不言而喻的和不必做出的规定。这是对"符合性质量"的权威的定义。

符合性质量是从产品生产的角度定义产品质量，认为符合产品生产标准就是"质量合格"或者拥有好的质量。但是符合性质量并不表明，质量只有"合格"和"不合格"的衡量标准。符合性质量的衡量标准是满足质量标准的程度，一方面同一产品不同等级的标准表明质量等级的不同；另一方面随着生产标准的不断升级，产品也会升级换代。

人们习惯性地认为"质量合格"等同于"满足使用要求"，从而自然而然地认为是"满足用户需求"的。现在人们对质量的需求已经远远超出单纯的"符合性质量"，但是当顾客的质量需求能够被生产标准所固化，符合性质量就会成为产品的新的"基本质量"，作为产品升级迭代的质量底线，起到淘汰旧产品的作用。

二 适用性质量

ISO 9000：2000《质量管理体系——基础和术语》（Quality Management Systems-Fundamentals and Vocabulary）中对质量的定义是：质量是一组固有特性（Characteristic）满足要求（Requirement）的程度。质量可以使用差、好或优秀来修饰，其中"要求"界定为"明示的，通常隐含的或必须履行的需求或期望"。质量概念已经包含"（顾客）期望"，质量好坏体现了消费者的需求是否得到满足。

ISO 9000：2015《质量管理体系——基础和术语》（Quality Management Systems-Fundamentals and Vocabulary）中对质量的定义是：一个关注质量的组织倡导通过满足顾客和其他相关方的需求和期望来实现其价值的文化，这种文化将反映在其行为、态度、活动和过程中；组织的产品和服务质量取决于满足顾客的能力，以及对相关方的有意和无意的影响；产品和服务的质量不仅包括其预期的功能和性能，而且涉及顾客对其价值和收益的感知，这进一步延展了质量还需要体现顾客的感知。

适用性质量是用消费者满意程度定义产品质量，认为质量就是适用性，即产品在被使用的过程中能满足消费者需求的程度。质量概念从"符合性质量"发展到"适用性质量"既体现了企业对质量的认识从以产品为中心逐渐转向以客户为中心，也体现了需求多样化和产品差异化的有机结合。顾客对所消费的产品有不同的需求和期望，企业就必须制定有针对性的方案，以满足不同客户群体的特定需求。

三 全面质量管理

Feigenbaum（1961）首先提出了"全面质量控制"（Total Quality Control，TQC）的管理思想。他认为全面质量控制即质量控制应布局到生产经营的全过程，不仅包含商品生产的过程本身，还包括产品设计、原材料质量、生产流程加速、员工质量意识培育、改进售后服务等。Feigenbaum（1983）提出了"全面质量管理"（Total Quality Management）的概念，他认为全面质量管理是"全公司范围内的质量管理"，强调从产品概念到产品生产和售后服务，覆盖产品和服务"生命周期"（Life Cycle）的管理，包括符合性质量、成本控制、产品价格、交货期、售后服务等的综合质量。因此，广义质量包括产品质量、过程质量、企业整体质量、质量管理思想、部门工作质量（创新能力和团队精神）、员工个人技能（专业技术和沟通能力）、企业效益等多个领域和方面，从而进一步延展和丰富了质量的内涵。

四 质量的经济学含义

质量的经济学含义可以有两种诠释的方法。第一，质量作为一种影响因素，其对经济具有什么作用和地位，尤其是质量成本、产品质量、质量收益对经济发展的作用。郭克莎（1992）提出"质量经济学是一门研究质量问题在社会经济发展中地位和作用、质量范畴所反映的社会经济关系以及提高质量的社会经济条件的学科"。第二，通过经济学、管理学和统计学等方法科学优化产品的质量，降低质量成本，进行质量创新，提高质量效益。任保平等（2017）在国内外关于微观质量经济学研究的基础上，把质量经济学研究的范围从微观扩展到了中观和宏观领域，在更大的范围和视野内研究质量经济学。同时运用政治经济学的理论分析工具，研究了质量的经济属性，分别从微观、中观和宏观的角度对质量经济学的基本标准进行了研究。

第二节　质量测度

经济学界对于质量的研究源于产业组织理论对产品种类（Product Variety）增加的研究，产品种类的增加意味着产品质量的提升。产品质量的研究，源于产品同质性（Product Homogeneity）向产品差异化（Product Differentiation）研究的拓展，在垄断竞争条件下构建的产品差异化模型，解释了发达国家相同产业内的产品进行贸易的模式。但是经济学中的质量研究局限于实证数据的获得，而在应用经济学尤其是国际贸易领域，因为有进出口产品数量和金额的数据，可以测算产品的单位价值，该领域对产品质量的研究相对比较成熟，并且比较多地研究了产品质量的测度和实证等问题。

20世纪80年代，以Krugman，Helpman和Lancaster等为代表的一部分经济学家开始关注垄断竞争的前提假设以及消费品的种类多样化，在这一基础上，"二元边际"（Binary Margin）概念也得到了挖掘，即代表产品种类扩张的贸易扩展边际（Extensive Margin）和代表贸易规模扩大的贸易集约边际（Intensive Margin）（Broda and Weinstein，2006）。"单位价值"（Unit Value）作为一个重要的概念被引入，开始用来衡量产品的差异性，即产品质量。Melitz（2003）开创性地研究了异质性（Heterogeneity）的问题，后来的学者以之为借鉴分析产品质量和企业质量的异质性问题。

尽管学界认为Linder（1961）的研究从理论上说明了产品质量在国际贸易流向中扮演了重要的角色，但受理论和技术条件不完善及数据不可得的限制，产品质量一度是不可观测的。Weinstein和Broda（2006）

通过测量目标产品的价格和数量占 GDP 的比重来间接得到产品质量，其中隐含的逻辑是：大国（或者更富裕的国家）出口产品的价格越高，出口的产品数量越多，其产品质量越高。他们还分析了 1972～2001 年美国从不同种类进口产品中获得的利益，估计的结果是：由于进口种类的扩展，1972～2001 年美国从贸易中获得的利益是美国 2001 年 GDP 的 26%。类似的，Hummels 和 Klenow（2005）也认为较大经济体可以出口更多种类的产品到更多的国家，或者可以用较高的价格出口更高质量的产品。

从研究产品"价格差异"到研究产品质量异质性，还涉及"价格的内生性问题"。在经典的经济学分析中，价格是影响供求的重要因素，即使在国际贸易领域也如此。随着工业革命的到来，世界上的贸易大国纷纷实现了生产率的大幅提升，贸易也随之向更广、更深的层面发展，贸易产品的多样化和差异化成为不可忽视的现实存在。一方面，出口国的劳动生产率、出口的产品质量、贸易的非关税壁垒等对贸易流量的影响会反映在价格里；另一方面，营销手段、汇率波动等影响价格的因素也会影响产品质量。因而，出口产品价格作为出口产品质量的工具变量会导致严重的内生性问题，并且价格和质量"高度相关"的前提也逐渐被破坏。刘伟丽（2011）对产品质量的测度进行了综合性的研究，测度体系包括产品"单位价值"、市场份额、进口份额和出口贸易量、平均收入、国际标准体系认证等。进入 21 世纪，国际贸易质量领域的学者纷纷围绕如何测度产品质量展开研究。

一 单位价值

虽然人们意识到质量是影响国际贸易流量和结构的重要因素，但是在研究的早期，受制于数据可得性和研究深度，部分学者对质量的测度仍然依赖商品价格，单位价值法成为一种广泛使用的测度质量的方法。在国际货物贸易中单位价值往往是贸易出口额与数量的比值，相比商品的国内价格（Pure Price），单位价值剔除了市场波动的价格变化，其高低能够更加真实地反映产品的质量特性。

使用单位价值法的研究可以追溯到 21 世纪早期。Hummels 和 Skiba (2004) 较早地运用了单位价值法研究了贸易成本和产品质量的关系,并验证了著名的阿尔钦－艾伦假说 (Alchian－Allen Hypothesis)。这一假说也被称为"华盛顿苹果假说"。通俗地来说就是"在商品的原产地,通常无法享受到质量最好的商品",质量高的商品比质量低的商品更能够分摊运输成本从而更容易在相对较远的市场上获利,因而厂商更倾向于将质量高的商品销往更远的市场。他们利用 1994 年阿根廷、智利等六个进口国与全球 5000 多种贸易品的数据,得出商品出口往往显示出一定的特征的结论:商品在输入国的市场定价与商品的运输成本成正比,从而得出产品质量和单位运输成本存在正向关系。

Schott (2004) 研究了美国产品层面的进口数据,发现美国从不同收入层次的国家进口类似的产品,这些进口产品具有不同的单位价值,单位价值呈现出三大特点:其一,单位价值的高低与出口国是劳动要素充裕还是技术和资本要素充裕有直接关系;其二,单位价值与产业的要素密集度,更准确地说是资本要素密集程度有显著的正向关系;其三,长期来看,经历了技术和资本深化的国家比其他国家在单位价值上有更多的提升。基于资本和技术较充裕的国家倾向于生产高质量产品的前提假设,Schott 运用单位价值衡量质量的方法是可行的。

在这项研究中,Schott 用美国 1972～1994 年与其他 48 个国家的 12024 种产品海关进口数据 (FOB 价格),从商品的进口价值与数量的比值中获得单位价值,并借助 SITC1 分类标准进行产业分类。Schott 用人均 GDP 衡量资本和技术禀赋并按照前后 30% 划分资本充裕型国家、资本稀缺型国家和中间水平国家,以此研究全球与美国产业内贸易的情况,并实证研究单位价值 (产品质量) 和资本禀赋之间的关系,实证检验认为这一关系是显著且稳健的。

Hallak (2006) 实证检验了质量在国际贸易中的重要地位。他通过研究人均收入和质量总需求 (Aggregate Demand of Quality) 的关系,识别了产品质量对消费需求的影响。Hallak 首先梳理了理论界关于国际贸易产品质量的一些观点，例如 Linder（1961）认为富裕的国家倾向于将收入的更多部分花费在高质量的产品上，同时他认为人们对高质量产品的需求塑造了其国家（即富裕国家）在生产高质量产品上的比较优势。Linder 的需求相似理论从质量需求的角度解释了经济发展水平相似的国家发生更多贸易往来的原因。Linder 之后的质量需求研究包含两个核心的前提假设：一是，高收入的国家拥有生产高质量产品的比较优势；二是，高收入国家的居民倾向于消费高质量的产品。Hallak 从消费者效用入手，引入表示质量总需求的变量，然后构建了跨部门的双边贸易模型，并且用 1995 年全球 60 个国家双边贸易的部门级别的截面数据通过 OLS、广义 OLS 以及非线性 OLS 等方法验证了产品单位价值对国际贸易流量和流向的影响。

Johnson（2012）在研究异质性企业时，也运用了单位价值变量。通过对出口方、贸易流和单位价值等的研究发现，出口商在大多数行业想要进入目的地市场的难度正在上升。这一结论与产品质量和企业规模正相关的模型假设是一致的。但是，一些大型行业（包括汽车、服装和电子产品企业）的出口门槛下降与目的地市场扩大的总需求有关。

Hallak 和 Sivadasan（2013）构建了产品生产率和加工生产率两维度的理论模型，其中产品生产率表示一个企业以尽可能小的成本制造高质量产品的能力，该研究证明了规模更大的企业往往生产更高质量的产品，且具有更高的价格，同时其产品更偏向于资本密集，这类企业工资水平也较高。

Kugler 和 Verhoogen（2012）提出了包含投入价格、产出价格、工厂规模在内的质量选择模型。在分部门条件下，产出价格（Output Price）和投入价格（Input Price）与厂商规模之间存在较强的正相关关系，产出价格的工厂规模弹性和投入价格的工厂规模弹性更大的行业，质量分化的程度更高。他们还拓展了 Melitz（2003）的模型，构建了质量异质性的两个模型，考虑了企业投入品和产出品的质量差异。他们利用哥伦比亚的制造业数据实证发现，一方面，产出品质量提升没有固定成本，厂商生产能力和投入品质量是存在互补效应的；另一方面，质量提升存在固定成本，产出品的高质量仍然依赖投入品的质量。

Manova 和 Zhang（2012）使用 2003～2005 年中国对全球的 HS8 位码的 7526 种商品的贸易数据，首先，发现价格更高的产品在每一个目标市场都销售得更多、更加获利并且所占市场份额更大；其次，企业会进口价格更高的原材料；再次，出口企业往往在更加富有、经济体量更大、相对比较远的国家定价更高；最后，出口目标市场更多的企业，同类产品价格范围更广，企业进口原材料的价格范围也更广，生产材料更多地来自原产国（Origin Countries）。

二　市场份额

将价格或者单位价值作为质量替代指标缺乏合理性，主要是因为其中包含了商品成本因素，这已经成为国际贸易质量领域的共识。面对利用单位价值衡量质量存在的不足，有些学者认为在商品单位价值相同或者类似的条件下，商品的质量可以从其在目标市场的份额中得以体现。其逻辑是：价格相同时，市场份额大的商品具有较高的质量；同样，市场份额相同的商品价格较高，往往具有更高的质量。

Hummels 和 Klenow（2005）早期利用全球 159 个出口国家和对应 59 个进口国家超过 5000 种商品的数据，研究大国出口增长是集约边际增长还是扩展边际增长或者是质量边际增长。作者用出口数量和价格在 GDP 中的比重即市场份额来分析质量边际问题。该研究最终发现，质量的差异性可以用来解释大国出口中，数量和价格虽均有所上涨，但是价格并未上涨很多的这一现实。

Khandelwal（2010）研究"质量阶梯"（Quality Ladder）问题时就运用了这一方法。质量阶梯是指市场上同类商品最好质量和最差质量之间的差异。其内在逻辑是，产品质量的异质性将直接表现为产品在市场份额上的差异，即产品的垂直化差异。

在测度产品质量的方法上，Khandelwal 以南北贸易为基础，假定发达国家在工资水平、技术上都有相对优势，他通过消费者间接效用函数直接推导出了一种产品市场份额的 Logit 方程，在控制了价格和诸多其他因素对产品市场份额的影响后，剩下的就只有产品垂直差异即产品质量对产品市场份额的影响。通过这一方法测定质量以后，结合南北条件的差异，即可得到一个类别产品中的最好质量产品和最差质量产品，两者的质量差值即为质量阶梯。

在实证的过程中，Khandelwal 用 1 减进口渗透率来衡量产品的市场份额。他随后对 19 个行业的 15070 种产品质量阶梯和质量进行了测算。有趣的是，他发现质量阶梯较长的商品其单位价值对质量的替代性相对质量阶梯较短的商品要强。故在质量阶梯较短的市场上，高价的商品拥有诸多低价替代品。在此基础上，他研究了低工资竞争（Low Wage Competition）对美国制造业部门产出和就业的不同影响，发现质量阶梯相对短的产品，其市场面对低工资竞争时产出和就业往往下降得更多。

Khandewal 的这一方法也被认为是一种基于产品价格和销售量反推质量的方法，即将产品出口量对价格和其他控制变量进行回归，得到的残差就是质量。施炳展（2013）在前者基础上运用反推法测算中国企业层面的出口产品质量，发现中国企业向各贸易伙伴国出口的产品质量总体水平上升，但本土企业的出口产品质量水平有所下降，外资企业的出口产品质量水平在上升。Gervais（2015）也运用这一方法研究了产品质量和企业异质性，并测算了企业层面的产品质量。

三　技术复杂度

技术复杂度指标最早由 Michaely（1984）提出。Rodrik（2006）在研究并试图解释中国 21 世纪初期贸易超速发展的现实情况时，即使用了这种方法来测度产品质量。其做法是，首先将 HS 六位码的行业分类的出口收入进行加权平均，其权重为该产品的显示性比较优势（Revealed Competitive Advantage，RCA）指数的标准化值，由此得到 HS 六位码项下 5000 多个商品类别的收入水平指数，其次将收入水平指数再进行一次全国水平的加权平均，其权重设定为该类别商品在全国出口总额中的比重。由此得到一国出口的生产率水平，Rodrik 认为这一指数衡量的是中国出口的总体质量。其分析表明：这一指数与一国的人均收入有很强的正相关性。通过与全球多个国家的出口绩效比较，Rodrik 认为，中国在出口贸易中取得成功的根本原因并不是庞大的出口体量或者廉价劳动力，而是出口产品的生产率水平（或者说出口产品质量）远超当时中国的整体收入水平。Hausman 等（2006）随后对这一方法进行了完善，一种产品质量等于该产品的显示性比较优势指数与出口国的人均 GDP 之积，一国的整体出口质量水平等于该国所有商品质量水平经过该商品出口份额的加权平均。Hausman 等分析测算了全球 113 个国家 1999～2001 年的 HS 六位码产品质量，并用 3 年的均值进一步测算了 1992～2003 年各个国家的出口产品整体质量水平。Hausman 和 Rodrik 的这一经典方法被称为 EXPY 指数法。

Xu（2010）在研究中采用了两种方式来测算出口复杂度（Export Sophistication），并以此衡量产品质量。一种方法即 Hausman 和 Rodrik 的 EXPY 指数法，另一种方法是 ESI 指数法。ESI 指数法是从两个国家出口相似水平角度衡量出口复杂度。一个国家某种产品的技术复杂度在数值上等于该国该产品在出口中的比重与所有样本国家该比重之和的比值，再以该国人均 GDP 作为权重进行加权平均。但是 Xu 指出，纵然中国的出口产品大部分是属于技术复杂度比较高的类别，但是其中不乏质量较差的产品，因而在解释出口份额的过程中不免会高估技术复杂度的影响。此外，ESI 和 EXPY 或者两者比值测度的技术复杂度往往不能体现同种产品的垂直差异，后者才是质量研究者真正关注的质量差异问题。以美国 HS 十位码 8517110000 的无绳电话为例，1996 年全球有 26 个国家向美国出口该产品，其单价却各有差异，这些价格差异背后隐含的质量差异是 ESI 指数和 EXPY 指数鞭长莫及之处。Schott（2008）最先考虑到价格差异问题，随即提出"产品内技术复杂度"（Within-Product Sophistication）。Xu 引入了相对价格指数，数值上等于出口国出口某种商品的价格与该产品在全球范围内加权平均价格的比值，其权重为该国该产品占全球同种产品出口的份额。Xu 通过这一指数与商品的收入水平指数之积作为调整的技术复杂度来表征产品质量。

四 平均收入

用平均收入指标来衡量产品质量的问题，源于将国际贸易中的两个经典模型应用到产品质量专业化的研究中：李嘉图模型预测富国在生产更高质量的产品方面具有比较优势，所以富国将生产更高质量的产品；要素禀赋模型预测富国是资本要素比较丰裕的，如果高质量的产品是资本密集型的产品，那么富国在生产高质量的产品方面具有比较优势。Hallak（2006）引入进口国和出口国的平均收入作为衡量质量的一个指标，由于进口国和出口国平均收入的相互作用，它们对不同产品质量具有不同的供给和需求，从而验证了 Linder 的需求相似理论，即收入相似国家之间的贸易量较大的贸易模式。

五 国际质量认证

对国际贸易中质量因素测度的研究经历了从宏观到微观的逐步变迁。然而诸多的测度方式都是从经济学的角度逐步剥离出产品质量。事实上，从产品本身的品质属性或者从企业产品获得认证的角度来表征产品质量也是可取的方法。

"单位价值"和市场份额都运用贸易数据来衡量产品质量，没有从企业生产的环节研究产品质量问题。国际标准化组织（ISO）的质量认证体系是需要企业自愿参与的，能够获得 ISO 质量认证就意味着该企业生产的产品质量较高，因而成为直接衡量产品质量的一个指标。Bernard 等（2011），Verhoogen（2008），Kugler 和 Verhoogen（2008）的研究表明，相对于非出口企业，出口企业获得 ISO 质量认证的可能性更大，生产"单位价值"较高的产品，产品质量也更高。Hallak 和 Sivadasan（2009）构建了企业异质性的局部均衡模型，并考虑了产品质量差异在其中的作用。该模型赋予企业异质性两层含义：一层是生产率（Productivity）异质性，表示企业在可变投入一定的情况下生产产品的能力；另一层是质量异质性，是指在固定投入一定时企业生产产品质量的高低。Hallak 和 Sivadasan 即利用推导方式揭示了在质量差异条件下企业的出口行为。在衡量企业产品质量时，Hallak 和 Sivadasan 使用国际质量指标 ISO 9000 研究国际贸易中质量约束对厂商出口行为的影响，并论述了 ISO 9000 在质量升级过程中的重要作用，ISO 证书的获取是产品质量过硬的直接表征，取得 ISO 9000 需要一定的货币和时间投入，但能提高消费者满意度，这能够契合模型中"质量升级是需要成本投入，但是也可以在后期转嫁给消费者"的假设，同时，ISO 认证作为部分国际贸易的必备单证，也可以用来表征贸易关系是否真实存在，所以这一指标不仅可以直接衡量产品质量，而且可以衡量质量升级的过程。Hallak 和 Sivadasan 的实证分析随后也表明进口商更加青睐有 ISO 认证的商品。

六　质量指标体系

在管理学领域，产品质量是每个企业都不得不重视的问题。所以每一个企业的产品都有其质量标准，即使是同质产品，其质量标准往往也不统一。值得指出的是，尽管某些行业有统一的行业标准，但这些行业标准一般只规定合格与不合格，或者划分好产品等次，并不能从经济学角度和微观层面揭示产品的质量差异。尽管如此，这一结论不能推广到所有企业，有一些特殊的行业确实使用了质量评价标准来衡量质量差异。

Crozet（2012）在研究法国香槟质量的时候，利用了专业香槟品鉴师对酒的评分来表征红酒的质量。他将法国 487 家最活跃的红酒制造商历史上所有酒的评价与 2005 年的贸易数据相匹配，证明了生产高质量产品的企业更倾向于出口更多高价格产品这一结论。Crozet 实证发现，高品质香槟酒（五颗星）的消费者效用与生产成本之比是普通酒（一颗星）的 2 ~ 7 倍。

Auer 和 Sauré（2014）以欧洲汽车产业为研究对象研究国际贸易汇率传导机制，发现对于低质量的汽车，汇率传导机制更容易发生作用。Auer 和 Sauré 认为不同厂商生产差异化的产品并参与市场竞争。竞争主要发生在价格和质量高度相似的产品之间，生产高质量产品的厂商往往更靠近行业技术前沿，因而市场上质量越高的产品面临的竞争越少，成本加成（Markup）越高，即利润越高，故而汇率的影响会随着质量提升而减弱。在衡量欧洲市场汽车质量时，Auer 和 Sauré 就运用了权威的质量指标体系，他们将汽车大小、重量、马力、油耗、排量、最快时速等属性合成质量指数来测度不同品牌的汽车质量。

通过对产品的功能属性或者使用过程中的体验进行评价来获得对应产品的质量是一种好方法。这种方法刚好弥补了前人间接测度质量时忽略产品真实质量属性的缺陷。然而这种方法也存在天然的局限性：一是，评价人的评价标准各有差异，尤其是涉及感知性的指标时，质量评价结果往往依赖评价人的主观感受；二是，这一方法只能运用在产品范围和市场范围小的研究中，一旦市场扩大或者涉及产品众多的行业，这种质量评价的横向比较方法将会失去意义，更不用说进行跨行业研究了。

七 企业层面的质量测度

随着世界经济贸易的发展以及人们对数据的认识加深，贸易数据的统计和分析逐渐变得微观化、具体化。在这样的背景下，国际贸易的分析框架从国家—产品—国家的范式逐渐转变为企业—产品—国家的范式。从进出口企业的层面来分析产品质量差异成为新的研究视角。从企业层面测度质量同样面临着单位价值的可靠性问题以及测度质量难以包含产品属性特征的问题。

Gervais（2009）在研究企业层面的产品质量对企业出口行为的影

响时，就受到 Khandewal 反推法的启发，Gervais 称之为"剩余需求法"（Residual Demand Methodology），即从价格和数量的关系中反推出产品质量，从而进一步获得企业层面的产品质量。用需求函数的残差作为质量的替代变量，其标准误更大，这说明需求对企业生产不同质量产品的动机影响是较大的。Gervais 进一步将需求函数的残差与需求价格弹性联系起来，共同估计了企业层面的产品质量。

Piveteau 和 Smagghue（2014）认为 Gervais 的方法很好，然而在有限的需求函数框架中分析质量，实际包含产品特征的内容很少。在他们的分析中，质量是随时间变化的量，故而显示出一定的进步性。Piveteau 和 Smagghue 所提出的方法继承了这一点，同时在将产品特性纳入质量方面有了突破。Piveteau 和 Smagghue 挑选那些既从事进口业务又从事出口业务的企业作为研究对象，将这些企业在进口业务中面临的真实汇率波动作为价格的替代工具变量。他们的理解是，真实汇率的波动会直接反映在成本波动上，成本波动将直接导致出口价格波动，因而汇率与价格相关，但是与产品质量（随机误差项）是没有关系的，因而质量可以在随机误差项中被反解出来。作者将不变替代弹性的消费者偏好引入 DS 生产函数（Dixi-Stiglitz Model），最终得到"产品的质量就是某一时间不同国家不同企业不同产品种类的需求转移"的结论。Piveteau 和 Smagghue 运用 1995 ~ 2010 年法国海关提供的企业层面的进出口数据（HS 八位码）测算了产品质量。为了证明这一方法的合理性，作者一方面用普通 OLS 和面板数据固定效应模型分别测算验证了结果的稳健性，另一方面对比 Crozet 等（2012）对法国葡萄酒质量的研究结果，两份研究结论的一致性说明这一方法具有稳健性。

第三节 中间产品质量测度

中间产品贸易在国际贸易中占的比重越来越大，消费者可以通过贸易获得更多种类、更低价格的产品，中间产品贸易可以提高最终产品的产品质量和全要素生产率，日益成为重要的福利来源。Sugita（2009）构建了质量升级机制的一般均衡模型，用博弈论中的匹配（Matching）方法，研究中间产品贸易的产品质量问题，分析多边异质性的出口厂商和进口厂商可以创造新的贸易利益，对外贸易通过提高厂商之间的匹配性来提高最终产品的质量，并得出结论：虽然参与国际贸易的厂商不是所有的规模大的和生产高质量产品的厂商，但是由于进口行为和出口行为集中在规模大、生产高质量产品的厂商中，这样，中间产品贸易提高了最终厂商的产品质量，同时也能提高非进出口贸易中间产品厂商的产品质量。

一 中间产品的界定

（一）SITC 法

SITC 法，即国际贸易标准分类方法（Standard International Trade Classification，SITC），采用经济分类标准，按原料、半制品、制成品分类并反映商品的产业部门来源和加工程度，目前是世界各国政府普遍采纳的商品贸易分类体系。该分类方法将商品分为 10 大类、66 章、262 组、1023 个分组和 2652 个项目。

Ng 和 Yeats（1999）首次提出使用 SITC 法衡量中间产品贸易，首先根据 SITC 法将商品分类，其次将所有名称是零件和部件的产品进行加总，从而计算中间产品的贸易额。SITC 法的优点在于是按照商品的加工程度由低级到高级编排的，同时也适当考虑商品的自然属性。但这种方法忽略了有些不是零部件的中间产品，易低估中间产品贸易的作用，在中国不常使用。

（二）BEC 法

BEC 法，即广义经济类别分类方法（Classification by Broad Economic Categories，BEC），是联合国统计局制定、联合国统计委员会审议通过、联合国秘书处颁布的经济大类分类标准法，是目前运用得比较广泛的方法。BEC 法采用 3 位数编码结构。第三次修订本把全部国际贸易商品分为 7 大类和 19 个基本类，按产品的生产过程或最终用途汇总为资本品、中间产品和消费品三个门类，对其进行海关协调编码（HS）。

利用 BEC 法核算中间产品贸易的主要依据是 HS。首先根据 HS 编码判别产品是否属于中间产品，在此基础上进行加总。其中中间产品的 HS 编码范围为 111、121、21、22、31、32、42 和 53。这种方法一定程度上能减轻 SITC 法的低估现象，更为科学，应用也更简便。

（三）投入产出法

第三种方法是投入产出法（Input Output Method），由此计算进口中间产品的相对比重。目前广泛运用投入产出法来衡量中间产品贸易，主要根据 Hummels 等（2001）提出的垂直专业化指标。这个指标包括两种衡量方法，第一种是基于行业层面计算 VS 值，使用投入产出法，将一国的进口商品分为国内最终消费品和出口产品两部分，然后用进口品中用于出口的价值占总出口额的比例来表示垂直化分工比例，即：

$$VS = \frac{进口中间产品}{总产出} \times 出口额 = \frac{出口额}{总产出} \times 进口中间产品 \qquad (1-1)$$

第二种衡量方法是从国家角度测度 VS 的比重，计算一国对另一国的垂直专业化程度。VS 的比重具体指一国的出口贸易中来自别国的中间产品的比重，体现一国参与新国际分工和国际贸易的程度，通常用一国 VS 值与总产出的比来衡量，即：

$$出口中 VS 的比重 = \frac{VS}{总出口} \qquad (1-2)$$

这种方法的不足之处在于，编制投入产出表对于国家而言难度很大，大多数国家采取间断性的编制方法，使得计算结果与实际情况存在较大的误差。

二　中间产品质量测度

测度中间产品质量，是研究中间产品质量问题的关键。目前，针对中间产品质量测度还没有形成单独的研究领域，也未能形成较为完善和成熟的企业层面中间产品质量测度方法，更多的是使用出口最终产品质量的测度方法来测度中间产品质量，主要包括单位价值法和函数估算法等。

由于中间产品的特殊性，如进口中间产品的需求者是生产制造型企业，与出口最终产品的消费者不同，因此中间产品质量的测度应有别于出口最终品质量的测度。两者的差异主要体现在工具变量的选择上，中间产品在选择工具变量时需要注意解决进口中间产品价格与其需求之间的内生性问题。因此，用测度出口最终产品质量的方法来测度中间产品质量尚存在一定问题。如何科学测度中间产品质量，有待经济学家未来进一步研究。

刘伟丽、陈勇（2012）将 BEC 和 HS 相对照，测度了中间产品和最终产品的质量阶梯，测度结果显示中国进口的最终产品质量高于中间产品质量，质量最差的是进口的初级产品。中国进口的最终产品中资本品的质量最高，其次是消费品，而中国进口的零部件和半成品的质量相对较低。

Gervais（2015）计算了企业层面的进口产品相对质量，这一方法相对于测度单位产品价值和技术复杂度更能够准确地反映产品质量。第一步，计算企业—国家—产品层面的绝对质量。第二步，对企业—国家—产品层面的质量表达式进行标准化处理，代表每一种产品在企业—国家—时间维度的最小值和最大值。第三步，在企业层面对标准化的 HS 八分位产品质量进行加总。

第四节 质量的研究方法

关于产品质量的研究方法，一个重要的理论假设是 Linder（1961）提出的收入越接近的国家消费的产品越相似，即需求相似理论，学者们运用供需平衡模型和南北贸易模型对这一假设进行验证，从而研究产品质量问题。

一 供需平衡模型

Berry（1994）构建了垄断竞争条件下的供需平衡模型，其中最主要的方法是假设需求可以被差异产品的离散选择模型所描述，产品质量体现在产品的特性能够给消费者带来效用，这种效用可以由价格体现出来，价格被垄断竞争企业内生决定。但是在垄断竞争市场，产品的差别性使消费者在选择时不仅考虑价格因素，而且考虑自己偏好的产品的特性。这些"隐藏的特性"并没有被价格表征出来，成为衡量质量的难点。Berry 将质量引入消费者选择模型，根据市场的供需平衡条件推导出质量测度的方法，分析进出口国家产品质量差异对产品竞争力的影响。这种测度方法在数据处理中具有很高的可行性，所以在实证研究中常常被应用。

二 南北贸易模型

南北贸易模型中有几个重要的假设：第一，较富裕的国家具有生产更高质量产品的比较优势；第二，较富裕的国家出口的产品质量高于较贫穷国家出口的产品质量；第三，生产较高质量产品的国家，出口更多产品到较富裕的国家；第四，出口企业生产的产品质量高于非出口企业生产的产品质量。在这些假设基础上，Flam 和 Helpman（1987）构建了南北贸易模型，引入质量的个人效用函数，分析了穷国和富国之间的迭代收入分配问题。Copeland 和 Kotwal（1996）以及 Murphy 和 Shleifer

（1997）考虑了贸易不能在收入差距较大的穷国和富国之间存在。Bernard 等（2011）、Verhoogen（2008）和 Kugler 和 Verhoogen（2008）的实证研究表明出口厂商具有更高的生产率和倾向于雇佣更高技术的工人，更可能获得 ISO 认证，出口厂商相对于非出口厂商生产的产品每单位价值更高。Hallak（2006）、Bastos 和 Silva（2010）以及 Manova 和 Zhang（2012）的实证研究也进一步验证了更高单位价值的产品会出口到更高收入的国家。南北贸易模型的实证结论是南方的出口厂商生产的产品质量高于非出口厂商生产的产品质量，南方低收入国家生产的高质量产品出口到北方高收入的国家。

第二章　质量异质性

随着微观数据集的传播，宏观经济学领域的研究开始转向企业的异质性，并向企业的质量异质性转变，这成为宏观经济学，尤其是国际贸易领域研究的重要内容。当产品质量的研究日益进入产品层面的数据分析时，Baldwin 和 Harrigan（2007）基于 Eaton 和 Kortum（2002）的比较优势模型、Melitz（2003）的异质企业贸易模型（Heterogeneous-Firm Trade Model）以及 Helpman 和 Krugamn（1987）的垄断竞争模型，构建新的质量异质企业贸易模型（Quality Heterogeneous-Firm Trade Model），运用美国进口和出口的 HS10 位码贸易额、贸易量和贸易方式数据，以及国家之间的距离和一些宏观变量数据，得出结论：价格会自动调节质量，最具竞争力的企业具有高质量和高价格，异质质量随着企业的异质成本而不断提高。

第一节　质量异质性内涵

企业异质性体现在诸多方面，现有研究提出了一些企业异质性的表现，包括生产效率的差异（Melitz，2003；Helpman et al.，2004；Bernard et al.，2010；Helble and Okubo，2008）、成本加成（Loecker and Warzynski，2012）、固定成本（Das et al.，2007）以及提供多产品的能力（Arkolakis et al.，2010；Eckel et al.，2015；Eckel and Neary，2010；Mayer et al.，2014）。除了生产率差异外，企业异质性还表现在人力资本、所有权等方面。诸多学者发现，异质性企业的产品质量差异也是企业异质性的重要表现（Fieler et al., 2014; Johnson, 2012; Khandelwal, 2010; Schott, 2004; Kugler and Verhoogen, 2009; Hallak and Sivadasan, 2009）。

一 企业的产品质量异质性

企业的产品质量异质性已经成为企业异质性的核心表现。关注质量异质性的文献逐渐增多。Linder（1961）指出质量异质性在贸易中具有重要作用，他认为富国的消费者比穷国的消费者在高质量的产品上花费得更多。由于需求接近的富国在生产高质量产品时都具有比较优势，因此人均收入水平相似的国家更容易产生贸易。

随后，Alchian 和 Allen（1964）提出一个假说——单位贸易成本的增加会导致需求向质量更高的产品转移，这个假说通常被称为 Alchian-Allen 效应。换句话说，单位贸易成本的增加会让低质量产品的价格上升，高质量产品的价格下降，从而高质量（价格）的产品能够占据更大的出口份额。

除了生产率之外，企业在产品质量方面也是异质的。Hallak 和 Sivadasan（2009）提出了具有出口质量要求与双维度企业异质性的局部均衡异质性企业贸易模型。该模型预测，在相同的企业规模下，出口商在出售质量越高的商品时价格往往也越高。这一结论得到了印度和美国制造业数据的支持。Kugler 和 Verhoogen（2009）假设产出质量取决于生产中使用的投入质量。在其模型下，随着企业生产率的提高，投入和产出质量都会提高，他们将其称为质量互补假说（Quality-Complementarity Hypothesis）。通过使用哥伦比亚制造企业的数据，Kugler 和 Verhoogen（2009）发现产出价格和投入价格都与企业规模呈正相关。这两项研究提供的证据表明，在相同的企业规模下，出口商总体而言会制定更高的产品价格。由于规模会伴随着生产率的提高而扩大，这一结论可以推导出生产率越高的企业往往能生产质量更高的产品。Khandelwal（2010）利用价格和数量信息来估计出口到美国市场的产品质量。在相同的价格下，更高质量的产品往往占有较高的市场份额。研究发现产品市场中存在巨大的质量异质性或者说"质量阶梯"。在质量阶梯较短的产品市场中，低工资竞争对美国制造业就业与产出的异质性影响体现为就业率上升和产出水平下降。

产品的异质性和需求的异质性也逐渐成为不可忽略的事实，可以通过一些易得的指标测度企业生产率的差异性，如年收入、出口选择（Selection into Exporting）等。这一类研究普遍得出结论：收入更高的企业往往出口价格越低，出口规模越大。

近年来的实证研究普遍不再支持生产率水平和出口价格呈反向关系的结论。这一类研究考虑了生产高质量产品会提升成本，而消费者会倾向于购买高质量产品的事实，因而高质量产品的出口商普遍拥有较高的市场占有率和自我选择（Self-Select）权。对于企业生产率和出口价格的不同关系，Gervais（2015）给出了三点解释：其一，出口产品受制于标准，往往有一定的质量要求，故而有些商品不论价格多低，都不能参与出口活动；其二，早在 1961 年 Linder 就指出，产品质量需求随人均收入的提高而提高，故而发展中国家的低质量产品往往不能出口到更加有利可图的发达国家市场；其三，出口商品的单位运输成本也影响价格，因此有些高质量的产品可能价格相对较低，但需求很大。

二　质量差异是异质性的重要来源

近年来研究企业异质性的贸易文献（Melitz，2003；Feenstra，2014；Manova and Zhang，2012）指出了企业异质性的三个来源：成本差异、质量差异以及产品范围的差异（企业生产的产品数量）。然而较少有研究评估这三种差异的相对重要性。Hottman 等（2014）的研究填补了这一空白，其通过构建异质性企业的结构模型来决定企业销售额分布差异的三个主要变量并利用反事实方法来衡量三种机制的重要性。在许多以 Melitz（2003）的研究为基础的企业异质性文献中，生产率与企业产品质量是同构（Isomorphic）的。在常数替代弹性（CES）偏好和垄断竞争的假设下，生产率和产品质量以完全相同的方式进入均衡企业的收入。然而，这些企业异质性的不同来源对企业收入有不同的影响（Berry，

1994；Khandelwal，2010）。在垄断竞争和常数替代弹性偏好的标准模型下，产品质量和边际成本均被纳入企业收入中。尼尔森条形码（Nielsen Barcode）记录的 50000 家企业的价格和销售额可以区分质量和边际成本，边际成本通过价格影响企业销售额。相比之下，质量是一种其他需求解释变量（Demand Shifter），以价格来转移销售额条件。Hottman 等（2014）首先估计了企业内和企业间的替代弹性，然后根据结构模型估计了不可观察的质量、边际成本和加成率，并进一步考察了这三种异质性来源对企业销售额变化的影响。Hottman 等将质量差异定义为每单位产品消费者平均效用，作为一些企业在市场上取得成功的主要原因。研究表明，50% ~70% 的企业规模的差异可归因于质量差异，产品范围差异为 23% ~30%，成本差异不到 24%。据估计，销售额最高的企业的产品质量比销售额最低的企业要高得多，然而这两者在成本上并不存在很大的差异。当他们转而研究时间序列数据时，研究结果变得更加显著。几乎所有的企业增长都可以归因于质量的改善，其余部分主要是由于范围的扩大。这些结果表明，大多数经济学家认为收入、生产率差异反映出来的是质量差异而不是成本差异。此外，研究中大部分企业都比较接近垄断竞争模型中价格加成不变的假定，然而销售额占比最大的企业与这个假定偏离很大。尽管多数产品存在差异，互补性对企业而言是非常重要的。企业内部产品的不完全替代，以及大企业比小企业供应更多产品的事实，暗示着标准的生产率的衡量并不独立于需求体系的假设，且很可能低估了规模最大企业的相对生产率。

第二节　质量异质性企业模型

一　异质企业贸易模型

（一）异质企业贸易模型

在异质性企业贸易理论与模型的发展过程中，Melitz（2003）的研究是最有代表性的。Melitz 在 Hopenhayn（1992a，1992b）一般均衡框架下，动态产业模型的基础上，扩展了 Krugman（1980）的贸易模型，同时纳入异质企业生产率，创建了异质性企业贸易模型（Heterogeneous-Firm Trade Model）。该模型在新贸易理论的基础上，引入了异质企业生产率和固定进入成本（Fixed Entry Cost），消费者偏好假设采用 CES 效用函数，生产方面假定市场是 Dixit-Stiglitz 垄断竞争模式，劳动是唯一的投入要素，工资固定为 1。通过分析同一行业内企业生产率的差异性来解释不同生产率的企业贸易行为的差异性，并分析了封闭经济、开放经济和贸易自由化的影响。模型研究结果表明，生产率越高的企业会选择进入出口市场，而生产率较低的企业则继续在国内市场生产甚至退出市场。进入出口市场需要较高的成本，企业可以在了解生产率差异后进行出口决策（Decision to Export）。通过企业间资源的重新分配，市场份额和利润会流向生产率高的企业。

（二）异质企业贸易模型的演变与发展

随着异质性贸易理论的不断拓展与深入，国外学者对异质性的研究呈现从企业层面拓展到微观产品层面、成本加成从外生不变到内生可变、从研究企业间异质性到多产品企业异质性等趋势。

1. BEJK 模型

Bernard、Eaton、Jensen 和 Kortum（2003）拓展了李嘉图模型，包括多个国家、地理壁垒和不完全竞争的情形。模型基于美国企业的几点定性基本事实：第一，生产率分散；第二，出口商往往生产率更高；第三，只有小部分企业选择出口；第四，这些小部分出口企业会因为出口而盈利；第五，出口商具有规模优势。模型假定三个关键要素：首先，企业存在异质性，因此模型引入了生产者和国家间技术效率的差异，将企业生产率、规模和出口参与度的差异与技术效率的异质性相联系；其次，通过标准的"冰山"运输成本假设引入出口成本；最后，加成成本可变，引入 Bertrand 竞争模型到李嘉图模型框架中，生产效率更高的企业会制定一个更高的加成成本。通过对美国制造业企业数据进行拟合分析，发现在 Bertrand 竞争条件下，更有效率的企业往往具有更大的成本优势，会设定更高的成本加成，其生产率也会更高。此外，效率更高的企业往往具有更有效率的竞争对手，国内市场价格较低，并有弹性需求，产品销售量更大。更有效率的生产者更有可能击败国外市场的对手。

2. M-O 模型

Melitz 和 Ottaviano（2008）将 Melitz（2003）的异质生产率测算方法与 Ottaviano 等（2002）的线性需求体系（Linear Demand System）结合起来，创建了具有垄断竞争和线性需求的异质企业模型，即 M-O 模型。M-O 模型融合了异质性企业和内生加成成本以回应市场竞争的韧性（Toughness）。针对竞争企业的数量和平均生产率，构建企业异质性的垄断竞争模型，并研究了不同的贸易自由化政策的影响。在 M-O 模型中，市场规模和贸易影响竞争的韧性，然后反映到该市场中异质生产者和出口商的选择。总生产率和平均成本加成对市场规模和贸易进行整合的程度做出了反应（规模更大、一体化程度更高的市场表现出更高的生产率和更低的成本加成）。

3. HMY 模型

Helpman 等（2008）将异质性企业引入一个简单的多国多部门模型，拓展了 Melitz（2003）的模型，选取了 38 个国家 52 个制造业部门的出口与销售额数据，分析企业是选择以出口还是水平对外直接投资（Horizontal FDI）来服务国外市场。水平 FDI 指的是投资国外生产设施旨在为外国客户服务。只有企业在规避贸易成本所产生的盈利大于在当地的运营成本时，才会选择海外投资，即"就近集中取舍"效应（Proximity-Concentration Trade-off）。每个企业都需要选择是否服务国外市场，以及是选择出口还是建立海外子公司。不同的市场进入方式相对成本也不一样：出口的固定成本更低而 FDI 的变动成本更低。模型假设生产率最低的企业只服务于国内市场，生产率较高的企业选择出口，生产率最高的企业选择 FDI。异质企业生产率的差异即企业异质性对解释国际贸易的结构与企业投资行为有着重要的作用。只有生产率高的企业才会选择服务于国外市场，这与 Melitz（2003）研究的结果是一致的。此外，在那些服务于国外市场的企业中，只有生产率最高的企业才会进行 FDI。异质性程度越高的企业，其 FDI 销售额相对于出口的比重会更高。

4. M-M-O 模型

在 Melitz（2003）模型的基础上，众多学者将其拓展到了多产品异质性模型。Bernard 等（2010）基于 Melitz（2003）的模型扩展成多产品封闭经济模型，Mayer 等（2016）运用 1995～2005 年法国多产品企业数据讨论了在非 CES 效应函数情况下需求冲击所带来的贸易竞争状况的变化对企业产品组合的影响，进而研究贸易竞争状况的变化对生产率的影响。在 CES 效应函数下的垄断竞争模型中"固定"的替代弹性、"固定"的成本加成使其无法研究很多由贸易带来的竞争效应。Mayer 等（2016）认为贸易会导致企业和产品之间产生不同的重新分配效应，主要体现为选择效应（Selection Effects）与偏斜效应（Skewness Effects）。选择效应包括哪些产品销往哪里（跨国和出口市场）、哪些企业能够生存下去、哪些企业会选择出口等；偏斜效应即有条件的选择（Conditional on Selection），也就是同一产品在特定市场上销售，贸易会影响这些产品的相对市场份额。两种重新分配效应都会产生独立于技术的（内生）生产率变化。在衡量多产品企业的重新分配效应时，Mayer 等（2016）排除了个别企业外生的贸易冲击，同时控制了国家/行业效应与企业层面的技术变化，并衡量同一企业在不同地点和时间销售的同一组合的产品。

Mayer 等（2016）将贸易需求冲击的出口反应分解为扩展边际，即每个产品的平均出口，以及集约边际，即出口产品的数量。总体来说，这些需求冲击对出口销售额的扩展边际和集约边际产生显著的正向影响，这种冲击提高了表现更好的产品的相对市场份额。而后者不能被

CES 偏好所解释。因此不同于 CES 效应函数形式，Mayer 等（2016）在需求上增加了附加假设：（反向）价格弹性随着产出而增加，因此表现更好的产品具有更高的成本加成；边际收入的弹性随着产出而增加，因此表现更好的产品其传导（Pass-Through）效应不一定会更高。不同于 CES 函数形式，Mayer 等（2016）建立了一个满足马歇尔第二需求定律（Marshall's Second Law of Demand）的内生价格弹性模型，运用法国多产品企业数据，考察出口市场需求冲击如何影响法国多产品企业重新分配在这些出口目的地销售的产品组合。对于正面需求冲击（Positive Demand Shocks），这些法国企业将出口销售转向其表现最好的产品，同时也扩大了销售到该市场的产品范围。他们建立了一个多产品企业（Multi-Product Firms）的理论模型，推导出产品组合重新分配（Product Mix Reallocation）的具体需求条件。这些需求条件与满足马歇尔第二需求定律的内生价格弹性有关（需求的价格弹性随消费量的减少而变化）。在这些需求条件下，理论模型强调出口市场上竞争的增加如何通过产品组合的重新分配而引起企业内生产率的变化（生产率的衡量标准是每个工人增加值的对数），并分别分析了封闭经济、开放经济下贸易需求冲击对产品重新分配的影响。最后，通过实证研究，发现贸易需求冲击和多产品企业的生产率之间存在重要联系，这些贸易需求冲击会对生产率产生巨大影响，是法国制造业总生产率波动的一个重要原因。

二 产品质量异质性植入企业贸易模型

Melitz（2003）构建的异质性企业贸易模型是基于异质企业生产率来分析企业贸易行为的差异性的。其核心假设有：一是企业的异质性仅表现为生产率的差异性；二是 CES 效用函数仅考虑消费者多样化偏好，却忽略了产品垂直差异性（Vertical Product Differentiation）。Melitz（2003）认为生产率越高的企业会选择进入出口市场，而生产率较低的企业则继续在国内市场生产甚至退出市场，且生产率越高，产品价格就越低，越易出口至地理距离远的市场。由于 Melitz（2003）的传统生产率异质企业贸易模型只考虑了生产率的异质性而忽略了产品质量异质性，所以基于此类模型得出的一些结论与事实有所不符，这可以在一系列贸易文献中找到依据（Schott，2004；Baldwin and Harrigan，2007；Johnson，2012；Kugler and Verhoogen，2012；Hallak and Sivadasan，2009）。上述贸易文献均引入了产品质量异质性。其中，Schott（2004）发现每个企业都有不同的生产效率，会生产不同质量的产品。生产效率更高的企业将选择生产更高质量的商品，也伴随着更高的固定成本和边际成本。这也意味着生产效率更高的企业其产品价格往往更高。Hallak 和 Sivadasan（2009）假设产出质量取决于生产中使用的投入质量，也得出了类似的结论。在他们的模型下，随着企业生产率的提高，投入和产出质量都会提高，他们将其称为质量互补假说（Quality-Complementarity Hypothesis）。Baldwin 和 Harrigan（2007）则发现产品平均质量和 FOB 价格均随距离增加而提高，随市场规模扩大而降低。最具竞争力的企业其产品具有高质量与高价格的特征，而价格最高的产品往往会被销售到最远的市场。产生两种不同结论的根源在于是否考虑了企业产品质量异质性。鉴于此，后续的研究都引入了产品质量因素对异质性企业贸易模型进行拓展，此类对质量异质性企业贸易模型的拓展可以从模型结构、研究对象、供给需求层面进行分类。

（一）按模型结构分类

从模型结构来看学者构建的质量异质性企业贸易模型可以分为两类：一类是将企业产品质量作为外生变量引入效用函数，如 Baldwin 和 Harrigan（2007）等；另一类是将企业产品质量内生化，如 Johnson（2012）、Kneller 和 Yu（2008）、Antoniades（2015）等。

1. 质量异质企业贸易模型

Baldwin 和 Harrigan（2007）在 Eaton 和 Kortum（2002）的比较优势模型、Melitz（2003）的异质企业贸易模型（Heterogeneous-Firm Trade Model）以及 Helpman 和 Krugamn（1985）的垄断竞争模型（Monopolist

Competition Model）的基础上引入质量差异并构建了质量异质企业贸易模型（Quality Heterogeneous-Firm Model）。该模型引入了一个严格为正的质量 – 成本弹性σ并假定各企业在边际生产成本和产品质量上都是异质的，企业的竞争力取决于其质量调整价格，在均衡条件下，更高质量的产品往往具有高价格与高利润的特征，也更容易渗透到距离远的市场。同一产品的边际成本越高则质量和价格越高，企业根据产品生产成本和质量选择是否进入出口市场。当$\sigma < 1$时，成本增加会引起质量不均匀的降低，低成本、低质量的企业因而获得更少的利润，只能在国内市场上销售产品。而高成本、高质量的企业会成为出口市场上的一员。伴随着日益上升的贸易成本或逐渐缩小的进口市场规模，企业进入出口市场的质量门槛也因此提高。因此产品的平均质量与 FOB 价格都会随着贸易距离的增加而提高，随着市场规模的扩大而降低。当$\sigma > 1$时，传导机制是反向的。

Baldwin 和 Harrigan（2007）运用了美国 HS10 位码贸易额、贸易量和贸易方式数据、单位价值、距离等数据，研究发现大多数产品只出口到少数几个地方。出口零点（Export Zeros）和距离、进口国的规模是密切相关的。出口零点与距离呈正相关，而与市场规模、距离呈反相关。产品平均质量和 FOB 价格均随距离增加而提高，随市场规模扩大而降低。最具竞争力的企业即质量调节价格（Quality-Adjusted Price）最低的企业，其产品具有高质量与高价格的特征，而价格最高的产品往往会被销售到最远的市场。异质性质量将随着企业的异质成本的增加而提高。

2. 质量内生化的异质性企业贸易模型

在 Baldwin 和 Harrigan（2007）的质量异质企业贸易模型下，质量是外生给定的，仅能用质量 – 成本弹性解释异质性质量与生产率的关系。Johnson（2012），Kneller 和 Yu（2008），Antoniades（2015）等将质量内生化，发展了 Baldwin 和 Harrigan（2007）的质量异质企业贸易模型。

Johnson（2012）使用多国行业层面的出口、贸易流量及单位价格数据来估计异质性企业贸易模型，检验目的地出口企业的价格变动。事实上，对大部分行业来说，价格的上升增加了进入出口目标市场的难度。Johnson 将异质性产品质量引入 Helpman 等（2008）提出的异质性企业贸易模型，将质量选择内生化，与企业规模相联系，并参照 Helpman 等（2008）的方法，使用双边贸易中二进制参与（Participation）数据来估计每个国家的出口门槛，用双边出口价值和单位价格相关联的方程式来联合估计门槛。出口进入门槛和不可观测的质量加权价格（单位成本与产品质量的比率）相联系，因此，可观测的单位价格与出口门槛的相关性揭示了单位价格如何随着质量加权价格而变化。在同质性质量（Homogeneous Quality）下，单位价格与质量加权价格呈正相关关系，从而与出口门槛呈负相关。如果单位价格与出口门槛呈正相关，则与质量加权价格呈负相关，这可以证明产品的质量异质性。Johnson（2012）表明出口选择会影响总出口价格。出口价格上涨的行业占主导地位。这种模式与质量异质性模型一致，一个行业内最有能力的企业选择生产高质量的产品，同时制定高单位价格。实证研究发现单位价格与出口门槛成正比，支持质量选择标准。

Baldwin 和 Harrigan（2007），Johnson（2012）的研究均发现质量越高的产品，其价格往往也越高，但在他们的模型中，价格的另外一个组成部分成本加成是一个常数，不随市场特征如距离、规模而变化。Kneller 和 Yu（2008）通过对 1997～2002 年中国 7000 多个产品和 168 个出口目的地的数据分组发现，单位价值与出口市场特征（距离和市场规模）的关系存在显著差异。2/3 的观测值（12 个行业）中单位价值与市场规模和距离的系数都为正，1/4 的观测值（4 个行业）中单位价值与市场规模的系数为负，与距离的系数为正，约 7% 的观测值（3 个行业）中单位价值与两个变量系数都为负，这不能用 Melitz（2003）的贸易模型来解释，而基于 Melitz 的模型扩展，Baldwin 和 Harrigan（2007）解释了此发现，得出市场规模、距离对单位价格的综合影响不确定的结论。

Antoniades（2015）提出了一个关于异质企业（Heterogeneous Firms）、

内生性质量（Endogenous Quality）与内生性成本加成（Endogenous Mark-ups）的简易模型。该模型针对①生产率异质性；②产品质量异质性；③利润异质性；④企业应对竞争的异质性；⑤产出价格、企业生产率、规模与产品质量之间相关性的符号和幅度的异质性进行了解释。通过研究封闭经济与开放经济下的模型，Antoniades 发现生产效率最高的企业通过提高质量、价格和利润来应对竞争，而生产率最低的企业要么退出，要么以与生产效率最高的企业完全相反的方式应对竞争。除此之外，该模型预测，平均价格和利润对竞争呈 U 形关系，并且与从发展中国家进口的产品相比，从发达国家进口的产品具有更高的质量、利润与价格。

（二）按研究对象分类

学者们对于质量异质性企业贸易模型的研究经历了由宏观国家贸易层面拓展到微观企业及产品质量层面的历程。从研究对象来看可以分为三类。

1. 宏观国家和产业层面

从宏观国家贸易层面来研究质量异质性与国家贸易模式之间的关系的这一类研究未将质量异质性纳入微观企业及产品质量变化的微观研究中，如 Schott（2004）研究发现资本和技能丰富的国家销售更高质量与更高价格的商品，Hallak（2006）研究发现富国倾向于进口高质量产品，并且这些高质量产品的出口方通常也是收入水平较高的国家。此外，Gervais（2015）从需求角度分析了价格、产品质量与国际贸易三者之间的关系。

2. 微观企业层面

有学者从微观企业层面来研究质量异质性与贸易之间的关系，如Crozet 等（2009），Manova 和 Zhang（2009）等。Crozet 等（2009）利用法国企业的出口数据和经过专家测评的香槟质量数据研究质量异质性对企业的出口表现，研究发现高质量的香槟生产商会将香槟出口至更多的市场，产品的价格会提高且在每个市场产品的销售额也会增加。其理论模型结合了 Hallak（2006）的质量偏好规范以及 Baldwin 和 Harrigan（2007）的高质量产品要求高边际成本的假设。企业层面的回归结果显示质量异质性是如何影响产品的价格、企业选择出口的国家以及出口至各个目标国家的产品数量。Crozet 使用出口至各个目标市场香槟的平均价格与数量来检验质量分类假说（Quality Sorting Hypothesis），在标准的理论假设（即帕累托分布异质性）下，发现对法国香槟企业进行质量分类至关重要。Manova 和 Zhang（2009）使用中国海关数据发现在销售一种特定的产品时，出口价格更高的企业在目标市场盈利更多，拥有更大的销售额并能进入更多的市场，这种贸易模式在富有的和质量异质性范围较大的地区比较常见，出口越多、进入市场越多以及出口价格越高的出口企业进口价格更贵的投入品，成功的出口企业往往会利用高质量的投入去生产高质量的产品。在企业产品的各个目的市场中，企业会在更富有、规模更大的市场，双边距离更远或者总体距离更近的目标市场设定越高的价格，且能在定价越高的目标市场盈利更多，企业会根据不同收入、市场规模、双边距离的出口目的地使用不同质量水平的投入去生产不同质量的产品。Hallak 和 Sivadasan（2009）、Lacovone 和 Smarzynska（2012）研究发现，出口企业比非出口企业设定的价格要高，企业规模通常与产出和投入价格呈正相关关系，生产率更高的企业要付更高的工资去生产质量更高的产品。Verhoogen（2008）通过研究 1994 年墨西哥比索危机期间企业的出口表现，发现高质量的产品要求高质量的工人。Kugler 和 Verhoogen（2009）研究发现，哥伦比亚企业的规模和出口通常与投入和产出价格呈正相关，与投入和产出的质量也有关系。Bastos 和 Silva（2010）研究发现葡萄牙出口企业会在更大、更富有和距离更远的出口目的地国家设定更高的价格。Brambilla 等（2009）发现阿根廷出口到发达国家的企业要给企业员工支付更高的工资，这说明这些企业销售的产品质量也较高。

3. 微观产品层面

由企业层面拓展到微观产品的层面来研究产品质量异质性与国际贸易间的关系的这类研究中以 Baldwin 和 Harrigan（2007）为代表，他们使用美国产品层面的出口数据并率先引入产品质量差异构建了质量异质企业贸易模型（Quality Heterogeneous Firm Model，QHFM），还有如 Hallak 和 Sivadasan（2009）提出具有出口质量要求与双维度企业异质性（产品质量异质性、生产率异质性）的部分均衡模型等。此外，部分学者在建立模型的时候将企业的研发行为也纳入，考虑其对企业产品质量的影响。既有的实证研究发现研发投入包括过程和产品创新，有助于提高企业的效率和产品质量。Huergo 和 Jaumandreu（2004），Parisi 等（2006）分别通过西班牙和意大利企业的数据证实了这一结论，德国、英国和荷兰的企业数据同样支持这一结论。此外，Huergo 和 Jaumandreu 研究发现过程和产品创新对企业的增长会有不同的贡献。Haruyama 和 Zhao（2008）不仅研究了贸易自由化对生产率的影响，而且描述了企业异质性、研发活动与生产率的作用机制。

（三）按供给与需求层面分类

1. 供给视角

部分研究从供给者的角度引入外生的或者内生的质量异质性参数，如 Falvey（2006），Falvey 和 Kierzkowski（1984）以及 Flam 和 Helpman（2001）。Falvey（2006）构建了一个模型，国家在初始劳动力和资本禀赋方面有所不同。同劳动力因素相比，高质量产品的生产往往要求更多的资本，由此产生了生产的专业化。拥有资本禀赋的国家出口资本密集型和高质量的产品，进口劳动密集型和低质量的产品。在 Heckscher-Ohlin（H-O）的框架下，要素禀赋的差异导致产业内贸易的垂直差异。Falvey 和 Kierzkowski（1984）提出了一个基于不同要素禀赋的相似贸易模型。但是，Flam 和 Helpman（1987）构建了质量贸易模型，并假设自由贸易条件下若一个国家在生产高质量产品上具有比较优势，这个国家就会出口高质量的产品、进口低质量的产品。Feenstra 和 Romalis（2006）构建了一个包含连续行业的 HO 模型，在这个模型下，每个国家的行业选择价格来衡量质量水平，具体取决于要素价格和贸易成本。因此从供给方来看，产业内垂直贸易产生的机制是：拥有劳动力与资本禀赋的高收入国家生产高质量产品，而低收入国家生产低质量产品。Feenstra 和 Romalis（2011）运用 1984～2008 年约 200 个国家的双边贸易数据，构建了一个扩展的垄断竞争模型，模型允许各国对质量有非同质化需求（Non-homothetic Demand），从供给的角度将企业出口产品的价格分解为产品出口质量与质量调整价格，即去除质量因素后的产品出口价格。企业的最佳质量选择反映了非同质化需求，并且生产成本包括"华盛顿苹果"效应下具体的运输费用。

2. 需求视角

另有研究从需求方的角度，将需求因素引入质量异质性企业贸易模型，着重于国家之间需求方面的差异。Murphy 和 Shleifer（1997）构建了一个 Ricardian 模型，研究发现高质量产品的生产国偏好消费高质量的产品，而低质量产品的生产国偏好消费低质量的产品。Hallak（2006）从需求层面建立了一个实证模型，来验证质量对贸易模式的塑造作用。Helble 和 Okubo（2008）利用美国和欧盟 15 个国家的详细出口贸易数据进行了实证分析。提出了一个简单的包含垂直差异产品在内的异质企业贸易模型，要素禀赋、技术和消费偏好的差异构成了贸易产品质量差异的驱动力，研究类似经济体（相同的要素禀赋、生产率、消费偏好）间贸易中质量扮演的角色。该模型对相似经济体间的贸易进行了三点预测：第一，出口产品质量比在国内市场销售的质量要高；第二，较大的经济体平均出口质量比较小的经济体要高；第三，随着贸易成本的上升，质量较高的产品越容易产生贸易。随着出品数量的增加，出口价格不一定下降，Helble 和 Okubo 用产品质量解释了这一现象，他们从供给与需求两个角度，对产品质量与反映国别特征的一些变量（包括国家间的距离、贸易成本与人均国民收入）进行了研究。研究发现：高质量的企业可以同时在国内和国外销售其产品，而低质量的企业只能为国内市场生产，无法"走出去"；出口产品的平均价格总是高于所有生产商品的平均价格；大市场的平均出口价格往往高于小市场；随着相对市场规模（市场规模的差距）的增加，平均出口价格在大市场上涨，在小市场下降；随着贸易伙伴国距离的增加（即贸易成本较高），出口产品的质量上升，出口产品的平均价格在所有的市场都会上升，在大市场上升得更为明显；通过贸易自由化降低的贸易成本导致出口产品平均质量的下降。随着贸易成本的降低，小市场的平均质量会显著下降，因而平均价格也会显著下降。因此从需求方来看，产业内垂直贸易产生的机制是：高收入国家中的低收入群体需要低质量产品，而低收入国家中的高收入群体则需要高质量产品，从而产生国家间的产业内垂直贸易。

（四）按需求函数设置分类

质量异质性企业模型相关文献根据需求函数的设置可以分为两类。

1. 替代弹性需求

按常数替代弹性（CES）需求设置的代表性文献有 Baldwin 和 Harrigan（2007），Johnson（2012）等。他们的研究均发现产品质量越高，价格往往也越高，即在均衡状态下，企业的生产率越高，其生产的产品质量也越高。在他们构建的模型中，价格的另外一个组成部分成本加成是一个常数，不随市场特征如距离、规模而变化。

2. 线性需求

按线性需求设置的代表性文献 Kneller 和 Yu（2008），Antoniades（2015）等。他们沿用 Melitz 和 Ottaviano（2008）的线性效用函数，使成本加成随着市场特征的改变而改变。Kneller 和 Yu（2009）提出了基于 Melitz 和 Ottaviano（2008）的异质性质量和空间价格歧视（Spatial Price Discrimination）的异质性企业贸易模型。出口价格（成本加成）在"选择效应"和"价格歧视"效应下随着出口目的地的位置（距离）和市场规模而变化，因而出口价格成本加成是内生的。Antoniades（2015）则提出了一个关于异质企业（Heterogeneous Firms）、内生性质量（Endogenous Quality）与内生性成本加成（Endogenous Markups）的简易模型。

三 植入质量异质性的贸易模式

既有的文献均表明贸易模式不再仅由国家间的生产率所决定，其他一些因素，比如企业的产品质量异质性在国际贸易模式塑造过程中发挥了重要的作用，越来越多地被用来解释国家间的生产分工。Schott（2004），Hummels 和 Skiba（2004），Hummels 和 Klenow（2005），Hallak（2006）以及 Baldwin 和 Harrigan（2007）的一系列研究均表明国际贸易产品的平均单位价值随着贸易伙伴的人均收入、要素密集度、距离以及市场规模而变化。这些经验规律被解释为异质性产品质量是国际贸易流动模式的重要决定因素。与此证据相符的理论解释集中在"阿尔赫－艾伦效应"（Alchian-Allen effect）和最近的"选择效应"（Selection Effects），它们源于 Baldwin 和 Harrigan（2007）扩展的国际贸易异质企业贸易模式，其中纳入了异质性产品质量。

Linder（1961）首先强调企业产品质量异质性在解释贸易流动时的重要性，他认为富国的消费者在高质量的产品上比贫穷国家的消费者愿意花更多的钱。在这种情况下，需求的接近使得富有的国家在生产高质量产品方面具有比较优势。Fajgelbaum，Grossman 和 Helpman（2011）的一般均衡模型形成了贸易与质量之间的需求侧关系。例如，Schott（2004）利用美国的贸易数据发现各国倾向于在产品内而不是产品间进行专业化生产，且高工资水平的国家其某一产品内的单位贸易价值更高。Hummels 和 Klenow（2005）使用来自 76 个国家的进口数据研究发现富国往往出口高质量的产品。Hallak（2006）认为以往的这方面的实证研究大都通过建立一般均衡模型来研究质量在贸易模式中起到的决定因素。这些模型与 Linder 理论的两个特征相关。首先，富国在生产高质量的产品方面具有比较优势（源于生产率或者要素禀赋差异）；其次，相对于贫穷的国家而言，富国通常消费更多的高质量产品。且以往的这些模型大多从供给的视角研究质量对贸易模式的作用。Hallak 从需求层面建立了一个实证模型来验证质量对贸易模式的塑造作用。他使用跨行业横截面数据估计了 1995 年 60 个国家间的贸易模式,研究发现高收入国家倾向于进口高质量产品,并且这些高质量产品也是出品至水平较高的国家。Choi 等(2006)认为收入分配看起来更相似的进口国拥有更多相似的出口合作伙伴和更相似的进口价格分布。

其他同期研究将垂直差异化产品(Vertically-Differentiated Products)纳入异质性企业贸易模型,并研究生产率分布(Productivity Distribution)在解释单位价值模式中的作用。Hallak 和 Sivadasan(2009)提出具有出口质量要求与双维度企业异质性的部分均衡模型。除了生产率之外,企业在生产质量方面也是异质的。Kugler 和 Verhoogen(2009)假设产出质量取决于生产中使用的投入质量。在他们的模型下,随着企业生产率的提高,投入和产出质量都会提高,他们将这称为质量互补假说(Quality-Complementarity Hypothesis)。

Fasil 和 Borota(2013)试图通过考虑双维企业异质性即企业在生产率和产品质量两方面的异质性来解释国际贸易的模式和价格。他们分析了企业产品质量和生产率两方面的异质性在塑造发达国家与不发达国家内部贸易模式与贸易强度(Trade Intensities)的作用。既有的实证文献发现了两类证据:第一类证据是产品线(Product Lines),不同的产品类别与不同的国家往往会实施不同的出口策略,并且面临不同的竞争。Baldwin 和 Ito(2011)确定了三种类型的产品线:第一种是价格随着出口市场的距离而增加(质量竞争),第二种是距离系数呈负相关(价格竞争),以及第三种由不显著的距离系数组成的产品线。另一类证据是贸易总流量,人均收入与进出口价格呈正相关关系。Fasil 和 Borota(2013)试图为这些研究结果提供理论依据,并重点关注具有两个维度企业异质性的南北四国贸易模型中的南北生产率差异。当进入一个比较困难的市场(进入市场的困难程度由贸易成本水平和目的地市场的购买力来衡量)时,企业在产品质量与成本效率上的差异会产生不同的竞争来源，并且导致在富国与穷国之间形成消费束（影响特定消费者的一系列正常品、低档品产品的数量组合），也会导致可观测的出口和进口价格的差异，这解释了发达国家之间的贸易强度高于南北方国家之间贸易强度的内在机制，那就是富国更偏爱富国生产的高质量产品。既有的实证研究发现贸易的平均价格和强度与贸易伙伴的人均收入有关（Schott，2004；Hsieh and Klenow，2007；Alessandria and Kaboski，2011），并且进出口价格与人均收入呈正相关，尽管不同人均收入水平的国家从相同的出口企业进口不同价格的产品（富国倾向于更高价格的产品）。在 Fasil 和 Borota（2013）的模型中，最高利润的企业是那些拥有最高的技术和最高产品质量的企业，但不是具有最高价格的企业。盈利能力较差的企业也包括产品质量较高、效率较低的企业，因此制定的产品价格较高。发达国家的平均进口价格较高不是因为比发展中国家消费更高质量的产品，而是因为同发展中国家一样也消费高价格－高质量的产品，发达国家总体而言进口价格更高的产品。贸易强度按以下顺序递减：发达－发达国家贸易，发达－发展中国家贸易，发展中－发展中国家贸易，此贸易强度的分析顺序参考了 Linder 假说（Linder，1961），也可以从既有的理论找到依据：非同质偏好（Non-Homothetic Preferences）（Simonovska，2009），不同的收入水平产生不同的需求结构，可变加成成本和市场定价（Alessandria and Kaboski，2011），发达和发展中国家具有不同的"质量偏好"（Love for Quality）参数，高质量往往意味着高价格（Hummels and Lugovskyy，2009）。Alcalá（2016）提出了一个多国—多行业 Ricardian 模型，该模型假设所有国家具有数量和质量可替代性的同位似需求（Homothetic Demand）。非同质性（Non-Homotheticities）在沿着质量维度形成贸易格局方面有着重要的意义（Hallak，2006；Choi et al.，2006；Fajgelbaum et al.，2011；Feenstra and Romalis，2011）。产品间专业与质量维度的产品内专业化对解释目前的国际贸易模式都是不可或缺的。

第三节 质量异质性与价格

学者对企业产品质量异质性与价格的研究中，大多将产品质量与生产率的异质性进行同构，这些文献中质量可以设置为外生的质量水平，也可以设置为内生的质量选择。而异质性企业在面临各种市场环境时会有不同的质量与价格选择。Schott（2004）认为每个企业都有不同的生产效率，会生产不同质量的产品。生产效率更高的企业将选择生产更高质量的商品，也伴随着更高的固定成本和边际成本。这也意味着生产效率更高的企业其产品价格往往更高。他认为两个模型可以解释这个问题。第一，具有内生质量的企业异质性模型，生产效率越高的企业将生产更高质量与更高价格的产品。第二，具有质量资本丰富依赖度的垄断竞争模型，表明资本和技能丰富的国家销售更高质量与更高价格的商品。Manova 和 Zhang（2012）表示，成功的出口商往往使用更高质量的投入来生产更高质量的商品，而且企业会灵活地根据市场特征调整质量。Khandelwal（2010）利用价格和数量两方面的信息来估计出口到美国市场的产品质量，发现在同样的价格下，市场份额较高的产品质量较高，是市场中的产品存在很强的质量异质性，也可以说是"质量阶梯"。Schott（2004）使用产品出口商的美国进口数据显示具有相对高生产率的出口商其产品的单位价值更高。这一发现与标准贸易理论相矛盾，并指出了质量在解释单位价值中的作用。Crozet 等（2009）将直接测量质量引入 Melitz（2003）的企业异质性模型中，通过对法国香槟行业的研究发现，质量提高了企业的价格，甚至控制了生产力。Hallak（2006）的研究结果显示人均收入高的国家倾向于购买更高质量也就是具有更高价格的商品。Khandelwal（2010），Feenstra 和 Romalis（2011）根据贸易单位价值阐述了质量，并且表明了质量在解释单位价值的跨国变化的重要作用。与此相反，Sutton 和 Trefler（2016）使用产品范围来确定商品的质量，即由收入水平定义的收入范围来定义最贫穷和最富有的出口商，并表明了在一般均衡框架中质量是如何影响商品的标价。Choi 等（2006）使用质量来解释收入分配和进口价格分配的关系。Bekkers 等（2012）研究了进口价格与收入分配的关系，但他们侧重于探讨需求在推动进口价格与收入分配的关系中的作用。同样，他们还试图将收入分配与价格挂钩，重点在于国家价格水平而不是进口价格。Fajgelbaum 等（2011）则以需求为导向研究了国家价格水平下的垂直差异化产品。Bergstrand（1991）区分了国家价格水平的竞争理论，其中包括 Balassa（1964）、Samuelson（1964）基于供应的解释，Bhagwati（1984）基于需求的解释。Antoniades（2015）从另一角度发现在国际贸易中，生产高质量产品的企业往往会追求更高的加成定价。

第四节　质量异质性与企业出口行为

企业产品质量异质性对企业的出口表现与行为有着重要影响，这在一系列文献中可以找到依据（Crozet et al.，2012；Hallak et al.，2013；Kugler and Verhoogen，2008；Hallak and Sivadasan，2009；Verhoogen，2008）。Hallak 和 Sivadasan（2009）构建了一个质量要求与双维度企业异质性的国际贸易模型，包括质量、价格、平均工资和资本密集度等变量，运用印度、美国、智利和哥伦比亚的制造业企业数据对质量异质性与企业的出口行为进行了深入的分析，解释了一个经验事实，即企业规模与出口状况并不是单调相关的：部分小公司选择出口，而大公司却不出口，假定规模一定的情况下，出口商会销售质量更高、价格更高的产品，支付更高的工资，以及更加集中地使用资本。质量选择是内生的，企业出口需要达到最低限度的质量门槛，只有固定投入效率高的企业才能完成质量升级，成功实现出口。Crozet 等（2012）将法国企业的出口数据和经过专家测评的香槟质量数据进行匹配，研究质量异质性对企业出口表现的影响，研究发现高质量的香槟生产商会将香槟出口至更多的市场，产品的价格会提高，且在每个市场上产品的销售额也会增加。

Eckel 和 Neary（2010）构建了一个多产品企业模型，通过对墨西哥制造业数据的分析，发现接近企业核心竞争力的产品生产成本较低，所以企业生产的此类产品较多，对产品质量的投入也较高，其产品价格随着与核心竞争力的距离而下降。Kugler 和 Verhoogen（2012），利用哥伦比亚制造业人口普查中非常丰富和有代表性的数据，研究了投入价格、产出价格和工厂规模之间的关系，并构建了异质性企业内生性投入与产出质量选择的模型，发现大部分企业包括出口企业中，较大的企业获取更多的产出，较大的企业支付更多的物料投入。Hallak 和 Sivadasan（2013）将生产率分解为代表产品质量的"产品生产率"（Product Productivity）和表示传统生产率含义的"过程生产率"（Process Productivity），同时考虑生产率异质性与产品质量异质性对企业出口行为的影响。研究发现，当给定企业规模后，企业出口行为要么依靠产品生产率（质量）优势，要么依靠过程生产率（价格）优势。贸易成本降低将激励企业生产高质量产品，提高"产品生产率"，从而获得在国际市场上的竞争优势，相对于非出口企业得到更高的出口溢价。

第五节　质量异质性与多产品种类选择

在 Melitz（2003）的模型中，企业出口的产品是单产品，然而部分学者通过研究发现这一假设与贸易现实有所不符（Bernard et al.，2007；Arkolakis et al.，2010）。Bernard 等（2007）通过分析美国企业的数据发现多产品出口企业在世界各国是普遍存在的，而在美国，其多产品企业占所有出口企业的比例为 58%，且这些多产品企业的出口贸易额占总贸易额的比例接近 99%。而企业如何在多产品线上分配生产与销售有着重要的微观与宏观意义。在微观层面上，规模大且生产率高的企业销售更多的产品，在其大部分的销售额中，少数几个核心产品带来了更多的出口额与利润（Dunne et al.，2009；Arkolakis et al.，2010）。此外，在面临贸易改革或者汇率变动时，产品的重新分配能够提高企业的生产率与出口表现（Bernard et al.，2007，2010；Gopinath and Neiman，2011；Chatterjee et al.，2013）。在宏观层面上，多产品企业占据了绝大部分的生产额、贸易以及就业，异质性企业的重新分配提高了总的生产率、贸易福利收益以及综合、系统冲击（Arkolakis et al.，2012；Melitz and Redding，2015；Gabaix，2011）。

近年来，多产品企业与产品质量异质性、生产率异质性的文献不断涌现（Bernard et al.，2007，2010；Eckel and Neary，2010；Verhoogen，2008；Kugler and Verhoogen，2009；Hallak and Sivadasan，2013；Lacovone and Javorcik，2012；Manova and Zhang，2009），质量驱动的产品重新分配影响企业出口表现和总体福利。Bernard 等（2007），Nocke 和 Yeaple（2008），Eckel 和 Neary（2010）对质量异质性与多产品企业作了创新性的研究。Bernard 等（2007）在研究中证实了企业产品利润率对产出增长的贡献胜过对企业进出口的贡献。这一证据表明，产品组合的变化在一定程度上能够实现更高效的资源再分配。同时他们的研究数据表明，印度多产品企业相比单产品企业而言具有更大的规模、更强的生产力，并且更易于出口。产品结构对经济增长有不容忽视的促进作用。因此企业需要积极完成由同质化向异质化的转变，创新产品种类，改变产品组合，实现企业内资源的最优分配，加强企业出口竞争力。"创造性破坏"是企业发展的灵魂，只有及时淘汰落后的生产线，在产品种类、产品组合、生产技术与资源分配上不断创新，实现质量升级，才能占据决定性优势，赢取市场。

Manova 和 Yu（2017）通过构建一个灵活的异质性企业贸易模型来研究多产品企业的全球贸易业务。在这个模型下，一个企业拥有有限或强大的质量差异范围。他使用 2002～2006 年的中国海关数据，通过实证研究发现企业在产品层面上根据质量来分配活动，根据质量来决定如何参与市场竞争以及应对经济形势的变化。企业通过使用不同质量的中间投入品来改变其最终产品的质量。企业的核心竞争力在于那些质量上乘的产品，这些产品通常价格更高，其市场销售额也更大。在那些销售品种较少的市场中，企业会通过在扩展边际上减少低质量产品，在集约边际上将销售转向高质量产品的方式专注于核心竞争力产品。产品的质量阶梯影响企业出口的动态调整，无论是在一般情况下，还是在《多种纤维协定》（Multifibre Agreement，MFA）取消纺织和服装配额的外生情况下都成立。为研究垂直产品差异化如何影响多产品企业的生产和销售决定，Manova 和 Yu（2017）将经济环境分为质量分类（Quality Sorting）与效率分类（Efficiency Sorting）。在 Manova 和 Yu（2017）的模型中，假设多产品企业根据质量分类而不是效率分类来开展业务，建立了关于质量分类预测的理论依据，即多产品企业的价格—销售范围。在质量分类下，企业可以通过使用更贵且更高质量的投入品来生产高边际成本的高质量产品。生产中的外生效率变化将会导致企业间与产品间的外生质量变化，也会导致企业间生产与销售范围的变化。在一个企业内，质量更高的昂贵产品会产生更多的双边与全球贸易额。企业在异质性国家市场中改变他们的产品范围，通过不断加入新的产品来扩大产品范围。在效率分类下，市场上没有质量差异，高生产率与低边际成本、低价格、高销售额相联系。

第六节　质量异质性与关税传递

关税对价格的传导对贸易政策有着重要的影响，而在行业层面的研究中，企业生产率异质性与产品质量异质性在关税传导行为中扮演重要的角色。

关税传导对贸易政策至关重要。这主要体现在当一个国家提高对产品的关税，外国出口商可能通过降低其出口价格来吸收增加的部分关税，从而改善了进口国的贸易条件。贸易条件效应是经典关税理论的基础（Conway，2004）。对该理论的经验支持是丰富的（Broda et al.，2008；Bagwell and Staiger，2011）。然而，关于关税和贸易条件之间关系的直接证据还很少。Feenstra（1987）的研究是有关关税传导的文献中最具影响力的，其研究发现，在20世纪80年代，约40%的美国对日本卡车进口关税的增加是通过降低日本出口价格被吸收的。在不同的研究中可以找到类似的结论，如Kreinin（1961），Mallick和Marques（2008）以及Irwin（2014）。所有的这些研究都是在行业层面进行的，也就是说，他们研究行业中所有企业的平均价格如何反映关税变化。这就难以识别价格反应是否受因价格、质量、加价或成分效应（如异质价格）发生变化的驱动企业层面的反应或市场份额重新分配的影响。这些细微差别可以改变关税的福利效应。

Ludema和Yu（2010）研究了美国出口价格对企业层面外国关税变化的反应，解释了企业生产率和内生产品质量。在他的模型中，出口企业通过升级产品质量和提高价格来应对外国关税的减少，导致不完全的关税传导和"Quasi-Metzler悖论"（质量未经调整，含关税价上涨）。高生产率企业的质量升级反应更明显；然而，产品的质量差异范围越大，伴随着产品的初始高质量，高生产率企业产品的初始价格也会越高，从而导致较小的关税吸收弹性（关税价格的对数增加）。Ludema和Yu（2010）使用美国纵向企业贸易交易数据库的贸易出口数据、WITS的关税数据，以及CMF的企业生产率数据、产业级制造数据和基于2位HS编码的直观分类数据、来自国家科学基金会的质量差异化的多个测量范围数据，验证了几个理论，包括平均企业层面"Quasi-Metzler悖论"，具有高质量产品的关税吸收弹性和企业生产率之间的反比关系，而对于低质量产品则相反。Ludema和Yu（2010）探讨了企业层面的关税传递，研究它如何取决于企业的生产率异质性和产品质量异质性，并且构建了企业异质性模型，研究结果显示出口企业对外国关税削减的反应是升级质量和提高价格，这导致不完全的关税传递，在一些情况下甚至呈现负传递（关税价格上涨）。产品质量差异化范围越大，高生产率的企业的初始价格就会越高。初始质量越高，对关税变化的反应百分比就会越小。

Melitz（2003）的模型不太适合研究关税传导行为，其模型中假设固定的边际成本和 CES 效用，这意味着在企业层面上不断加价和完全的关税传导。Berman 等（2012）研究法国企业的汇率传递行为得出的结论与之相反。他们发现企业会因折旧而加价，高性能企业更是如此，这符合 Melitz 和 Ottaviano（2008）的线性需求以及可变加成成本模型。此外，在企业层面完成关税转让意味着任何观察到的行业层面的不完全关税转嫁都必须是完全的。不过这与将产品质量纳入 CES 效用模型的大量异质企业的预测相矛盾，如 Baldwin 和 Harrigan（2007），Kugler 和 Verhoogen（2009），Mandel（2008），Gervais（2015）等。这些模型预测，生产率最高的企业往往会制定最高的价格，因为它们能生产质量最好的产品。值得注意的是，Manova 和 Zhang（2012）研究发现，越成功的出口商往往使用越高质量的投入来生产更高质量的商品（与正向价格生产率相关性一致），而且企业会灵活地根据市场特征来调整质量。根据这一点，他们假定企业也可以通过调整质量对关税变化做出回应。Ludema 和 Yu（2010）将产品质量异质性融入 Melitz 和 Ottaviano（2008）建立的模型中。增加了进口国的从价税指标，并探讨其对出口国出口企业的关税价格的影响。出口企业吸收关税变化不仅通过调整其线性的加成成本需求结构进行，而且通过调整产品的质量进行。这两个调整都导致企业层面的不完全关税传递。此外，模型预测关税传递取决于企业的生产率和产品的质量差异范围。具体来说，具有较高的质量差异范围的产品，其关税吸收弹性与企业生产率的关系是负的，对于具有中等质量差异范围的产品来说，这种关系则比较模糊，而产品质量差异范围小的产品，其关税吸收弹性与企业生产率的相关性是正的。Ludema 和 Yu（2010）研究发现企业层面的关税传导确实是不完全的。研究结果表明：（1）样本中的产品符合质量差异化商品的定义和"Quasi-Metzler 悖论"；（2）工业关税吸收弹性小于平均企业吸收弹性水平，表明贸易自由化导致低价，美国企业选择出口；（3）高生产率企业的关税吸收弹性比低生产率企业低。

第三章　质量升级

第一节　质量升级和质量升级维度

产业升级（Industry Upgrading）针对的是整个产业结构的改善以及产业素质和效率的提高。质量升级（Quality Upgrading）应当是产业内各产品质量升级的集成效果，因此，质量升级与产业升级的区别就在于，单个产品的质量升级可能达不到产业升级的效果，产业升级是质量升级的有限累加。质量升级可以包含两种方式：一是某一生产环节的质量提升，即原有产品质量阶梯的攀升；二是整个产品的质量升级，即新产品的更新换代。刘伟丽等（2015）在 Dulleck 等（2005）研究的基础上，对质量升级给出了通常意义上的定义，认为质量升级是质量的渐变过程，其中包含了产业结构的优化和生产率的提高，并将质量升级划分为产业内质量升级、产业间质量升级和产业区间内质量升级三个维度。简单来说，分别对应产业内整个低质量产品向高质量产品迈进（包括新产品的出现）、由低技术产业向高技术产业的转变、产业内部某一生产环节内产品质量的提升。刘伟丽等（2017）基于 Feenstra 和 Romalis（2006）的质量指数模型，利用 6 位 HS 编码海关产品层面的数据，测度 128 个国家 1995～2014 年的出口产品质量指数，通过对跨国间的产品质量升级的比较发现，发展中国家的产品质量普遍低于发达国家，虽然中国出口产品质量存在升级状况，但是整体落后于发达国家；将产品按照技术进行分类，发现中国出口的初级产品和资源型产品质量相对较高，技术型产品质量普遍偏低，高技术产品的出口质量最低；通过行业分析发现，中国出口的通信设备、计算机及其他电子设备制造业的产品质量相对较低，但呈上升趋势；跨国出口产品质量的因素分析表明人均GDP、FDI 和 R&D 对出口产品质量影响显著。

第二节　价格提高效应和逃避竞争效应

质量升级能够通过价格提升以及抵御市场竞争扩大市场份额，因此质量升级对产业发展的影响可以归结为两个效应："价格提高效应"（Price-Increasing Effect）与"逃避竞争效应"（The Escape Competition Effect）。"价格提高效应"是指企业通过升级产品质量提高企业产品加成率从而拉升产品价格，促进市场规模的扩张。Bernini 等（2015）在扩展 M-O 模型的基础上，利用 1998～2007 年法国工业企业数据实证检验了区位和产品质量约束下的贸易与企业加成率的关系，发现通过提高质量实现的"价格提高效应"强于市场竞争加剧导致的"价格降低效应"（Price-Depressing Effect）时，企业具有更高加成率，从而具有更强的国际市场竞争力。"逃避竞争效应"则指的是通过优化技术提高产品质量效用，从而激发消费者潜在需求，改善消费者福利，降低出口企业面临的外部市场竞争程度，使出口企业具有更强的产品定价能力。Kugler 和 Verhoogen（2012）利用 1982～2005 年哥伦比亚制造业企业调查数据证实了这一效应。中国出口企业同质化现象严重，在国际市场上不具有较强产品质量优势，因而面临着激烈的国际竞争，深陷"低出口加成率陷阱"。中国企业必须以消费者需求为核心目标，努力提升产品质量与效用，以更高的出口加成率实现出口贸易的可持续发展，提高市场竞争力。

Hummels 和 Klenow（2005）提出，一个国家的产品质量越高，产品价格越高，就越能出口至更富裕的国家，从而增强该国的出口竞争力。Kugler 和 Verhoogen（2009）通过构建异质性企业模型发现高生产率的企业更倾向于生产高质量的产品，但是产品价格与质量并不是简单的对应关系，企业会根据产品质量和出口目的地市场环境调整产品的加成定价。刘伟丽等（2015）根据 Hallak 提出的产品质量影响双边贸易方向的质量模型，构建基于单位价值、国家之间距离和人均收入等变量的出口产品质量实证模型，测度了 2003～2013 年中国、印度和巴西三个发展中国家出口到美国的 6 位 HS 编码的产品质量，并对中国、印度和巴西制造业的产品质量和质量升级进行比较研究，得出巴西制造业的质量最高，产品质量表现相对稳定，质量升级现象明显；印度受金融危机影响最深，制造业中大部分行业质量排名较低，波动较多，但整体制造业质量表现为升级；中国质量升级不明显，波动较多，并提出了中国出口产品质量升级的政策建议。许明和邓敏（2016）的研究同样证实了出口国企业的质量提升对产品价格的正向作用。然而，就地理位置与基础设施而言，边缘地带与基础设施较落后地区的产品质量并不能有效提高产品定价。在发达国家市场中质量对价格的影响程度更大，质量的提升更能促进发达国家出口竞争力的提升（李胜旗、佟家栋，2016）。

在现有研究的标准框架下，Kugler 和 Verhoogen（2012）添加了一个完全竞争但质量差异化的中间投入部门，考虑了生产函数产出质量的两个变化。第一个变化中，投入质量和工厂规模（Plant Capability）是产出质量的补充，升级质量不需要固定成本。第二个变化更接近 Sutton（1999，2007）的开创性研究，高质量的产出需要固定成本和高质量的投入，但投入质量和工厂规模之间没有直接的互补性。在这两个变化中，在质量差异化的范围内，投入价格—厂商规模弹性和产出价格—厂商规模弹性都在增加。如果质量差异的范围足够大，那么在这两种情况下，弹性更大、规模更大的工厂购买更高质量的投入品，投入得更多，销售更高质量的产品，并收取更高的价格。这个结论对工业发展过程最重要的意义是，质量升级可能需要升级整个上游供应商和下游生产者，而不仅仅是特定的主要公司。虽然个别公司能够从国外进口高质量的投入品，运输成本的存在、"即时"生产和其他本地合作的日益普及使得缺乏当地可获得的高质量投入可能会降低即使是最有天赋和知识渊博的企业家升级的能力（Milgrom and Roberts，1990）。同时，下游生产者的升级可能对当地供应商造成压力，促使他们提高质量，就像外国直接投资可能带来国内供应商的生产率提高一样（Kugler，2006）。最后，他们对结果的外部有效性提出警告：哥伦比亚的制造业不一定能代表其他制造业。尽管有些证据表明其他国家与哥伦比亚发展水平大致相似，但是在较富裕国家的厂商中，它们在多大程度上保持这种趋势并不清楚。据估计，这些国家在较高质量的高收入阶层，如法国葡萄酒或瑞士手表生产商中，投入产出的价格与厂商规模的相关关系并不明显。

第三节 质量升级动力机制及经济效应

在竞争激烈的经济环境下，产品质量已成为企业寻求长远生存与发展的重要基石，对企业和国家经济的持续发展至关重要。对以质量升级为导向的动力机制及质量升级所带来的经济效应的研究，是企业与国家质量升级相关问题研究的关键。

一 质量升级动力机制

质量升级的动力机制，是推动企业不断提升产品质量的各因素相互作用下的系统机能。企业质量升级的动力来源于外在环境造成的压力和企业内在生存发展的需要，外在环境主要考察消费者质量需求偏好的变动，而内在因素主要依据理性生产者追求利润最大化这一假设进行分析。

（一）消费者偏好导向

消费者偏好假设是研究产品质量升级外在环境的基础，当生产商面临多种质量选择时，质量是否升级取决于消费者对质量升级的估值。企业通过价格歧视，向存在估值溢价的消费者分配高质量产品，而其他人得到的产品质量处于可获得的最高质量以下，这种情况下企业仍会不断创新，推进产品质量升级以满足优质偏好者，以获得价格歧视带来的超额利润（Glass，2001）。Glass 研究的偏好导向机制并没有考虑到价格歧视所需要的特定市场环境，忽略了完全竞争市场下信息充分的情况。

将消费偏好扩展到不同空间上进行比较，需要考虑贸易国收入差距所决定的质量偏好强度。鲍晓华和金毓（2013）结合质量异质性企业和异质性消费者假设，论证了贸易双方对产品质量偏好强度的增加会促进企业产品质量升级，并进一步证明了与收入分配均衡的国家进行贸易将有利于产品的质量升级。

消费者个人偏好变动的集成，影响整体的消费需求结构。当消费者偏好趋向高质量产品，整体消费需求结构得以优化，高质量产业需求强劲，市场自动淘汰低质量产业，推动整个产业结构的改善以及产业素质和效率的提高，达到产业升级的目的。

（二）生产者利润驱使

消费者偏好导向与生产者利润驱使动力研究，在企业"理性经济人"假设下趋于一致，但生产者内部利润驱使质量升级的动力机制更为直接。在不完善的市场环境下，企业内在质量升级的动力有销售市场、资金来源、先进技术和管理人才的争夺（黄兰萍，1997）、缩减成本、提升竞争力及扩大市场份额等目的（Poksinska et al.，2010）。

企业是追求利润最大化的群体，质量升级的决策主要是质量升级收益与质量升级成本的权衡，只有质量升级的经济效益高于质量升级所消耗的资源成本，生产者才会采取措施促进质量升级。刘卫东和应婧（2011）以传统的质量成本模型中产品质量为基础变量，结合产品生命周期理论，研究产品处于生命周期各个阶段时质量成本的变化，得出了产品处于成熟期质量成本最低的结论。文献突破了质量升级动力机制的研究范畴，向质量升级成本领域延伸，为企业提出了通过延长产品成熟期时长的方法来降低产品总质量成本，以最低成本达到质量升级的建议。

除了消费者偏好导向与生产者利润驱使，国内外学者对质量升级的动力机制研究还包括政府行为、产业集群效应、劳动力供给、信息开放与技术扩散等外部因素，以及合作关系、企业家资源、创新、产业链条等内部传导机制（黄晓勇等，2012）。

二 质量升级经济效应

有关质量升级经济效应的研究，主要是由消费者效用、工资收入、企业获利的微观研究向国家经济宏观研究脉络扩展。

（一） 质量升级提升消费者效用

质量作为消费者效用的重要属性之一，与产品价格同时被作为消费者购买决策的依据。Berry（1994）将质量引入消费者效用选择路径中，建立了垄断竞争市场下的供需均衡模型，主张质量是产品内在品质的反映，尽管有些不易被观察，但质量升级对消费者效应有明显的提升作用。

（二） 质量升级增加企业利润

在双寡头价格竞争的特定条件下，高投入成本企业因生产高质量产品，在市场中占据有利地位获取高额利润，这种由成本差距带来的质量差距，最终使得高成本企业凭借高质量获取高利润（Ueng，1997）。相比非出口企业，出口企业的产品质量更高，而质量提升有利于增加企业出口数量，优化出口结构，在低质量产品低价值向高质量产品高价值转变的过程中，企业的利润逐步增加（樊纲等，2006；Hallak et al.，2008）。

（三） 质量升级促进经济增长

研究主要集中于质量升级对一国贸易出口的促进作用。戴翔（2010）、钞小静和任保平（2011）、吴延瑞（2008）通过对中国不同年份的出口数据进行实证分析得出：出口制成品质量升级对出口贸易和经济增长有明显的促进作用，经济转型时期，中国经济增长迅猛，经济增长质量也相应提升，但各地区经济增长质量的绝对和相对水平之间的差距依然较大。

（四）质量升级拉大收入差距

质量升级对收入差距的影响研究的代表有 Verhoogen（2008）、徐美娜和彭羽（2014）。前者将发展中国家贸易、工资差距与质量升级机制相联系，实证检验得出，更高效的工厂生产更高质量的商品，支付更高的工资保持高质量的员工队伍，并通过研究菲律宾比索危机前后数据，发现汇率贬值时，高效率企业率先提高工人工资，以确保产品质量与出口规模，证实了由汇率波动带来的质量升级将扩大行业内工资差距的假设。后者认为，企业质量升级过程会增加对高技术人员的需求，减少对低技术人员的需求，高技术人员工资收入增加而低技术人员工资减少，进一步拉大了高低技术人员工资的差距。

质量升级是一个企业或国家积极参与市场竞争，以获取市场份额、提升利润空间的工具。尽管在某种程度上竞争的加剧会拉大不同行业甚至同行业的工资差距，造成收入分配不均现象，但从已有文献来看，质量升级对企业乃至一个国家的发展存在助推作用，是培育企业和国家市场持续竞争力的有效途径。

第四节　质量升级的影响因素

一　最终产品质量的影响因素

（一）外部因素

1. 收入分配与产品质量

在收入分配、供给与产品质量研究方面，国际贸易中基于供给决定的两个经典理论——比较优势理论和要素禀赋理论最早对收入与产品质量问题进行了阐述。

许多经济学家就收入分配与产品质量之间的关系进行了实证检验。Manova 和 Zhang（2012）通过对中国企业层面数据的研究发现，高质量产品会带给消费者更高的效用，因此高收入消费者倾向于消费高质量产品，出口目的国家的收入水平越高，越会显著促进出口产品和进口产品质量的升级。Flach 和 Janeba（2013）通过对巴西企业层面的数据研究发现，收入不平等会促进国家出口产品质量升级。国内学者杜威剑和李梦洁（2015）通过对中国工业企业数据库和海关数据研究发现，目的国收入差距越大，越会促使该国整体产品质量降低，既会抑制该国企业出口产品质量的升级，也会使别的国家向该国出口较低质量的产品。

高收入国家有更高的质量支付意愿，生产和消费更高质量的产品。拉丁美洲的经贸数据显示，在贸易自由化的背景下，企业将高质量产品出口至高收入国家，而向国内市场和邻近的低收入国家出售低质量产品。Verhoogen（2008）使用墨西哥和阿根廷企业的数据证实了出口商会将高质量和高价格的产品分配至高收入国家。

Crinò 和 Epifani（2009）则认为由于产品质量的内生性，跨企业异质性与质量消费中的跨国异质性之间的相互作用，生产力与对低收入目的地的出口份额之间呈现负相关关系。由于不同收入水平的出口目的地市场对质量的需求存在差异，质量的提升能够显著提升在高收入目的地的市场竞争力，对低收入目的地的市场竞争力影响不大甚至会由于技术成本和人力资本的负担削弱企业竞争力。因此各国可以根据出口目的地的收入水平及其他影响其产品质量需求的因素来决定对该市场的出口质量。Demir（2011）在南—北模式中研究质量的需求与供给的个体差异，并且预测和证实了低收入国家的企业会在不同出口国之间改变其产品的质量。

Rosario 和 Paolo（2012）预测并证实了意大利企业的生产力和研发强度与其对低收入国家的出口份额呈负相关关系，认为具有高生产率的

高质量企业应向高收入国家出口更多以保持强大的国际竞争力。Bastos
和 Silva（2010）使用葡萄牙企业产品和目的地国的出口数据，发现出
口产品的单位价值随着距离增加，通常以更高的价格出口到更富裕的国
家。其中高生产率的企业倾向于以更高的价格、更好的质量向高收入国
家输送更多的产品。

2. 贸易自由化与产品质量

贸易自由化带来的关税削减的促进效应可提高产品质量。近年来，
一些学者提出可通过削减本国进口产品关税水平的政策来促进一国出口
产品质量的升级。

Bustos（2011）发现，区域自由贸易协议推动了阿根廷企业的技术
升级，因为地区性自由贸易协议削减了双边的关税水平，由此带来的贸
易一体化增加了出口企业的出口收益，优化了生产要素的配置，使得阿
根廷企业在新技术上大量投资。Amiti 和 Khandelwal（2013）研究了关
税对出口产品质量的影响，发现一国的进口关税影响其产品质量提高的
速度。通过测算 56 个国家对美国出口产品的质量与美国进口关税水平
的关系得出，降低关税能够促进高质量的出口产品的升级，较低的关税
与接近世界质量前沿的产品的质量升级有关，而较低的关税则会阻碍远
离前沿的产品的质量升级。

殷德生（2011）研究中国加入世贸组织以来出口产品质量变化情况，
发现贸易自由化能够通过降低贸易成本、规模经济、技术溢出效应等方
式促进出口产品的质量升级，但是中国的出口结构并不能使出口产品质
量持续性升级。汪建新（2014）为了厘清贸易自由化对中国出口产品质
量升级的影响机理，利用海关数据库 6 位 HS 编码的地区产品数据。刘
伟丽等（2015）采用 Dulleck 等（2005）的质量升级多维模型，将质量
升级分为三维，即从低技术行业到高技术行业的产业间质量升级、从低
单位价值到高单位价值的产业内质量升级、在各技术行业和各单位价值
区间内的产业区间内质量升级，并运用 2002～2012 年的进出口货物贸
易数据比较研究了中国、美国和欧盟制造业的出口质量升级状况，发现

在产业间质量升级、产业内质量升级和产业区间内质量升级方面，3 个国家（地区）分别存在不同程度和速度的质量升级和低质量陷阱问题，最后提出了促进中国制造业质量升级的政策建议。

3. 对外直接投资与质量

外商直接投资（FDI）行为带来的外国先进技术有利于产品质量升级，尤其是在发展中国家，这一正向效应将通过多种途径影响最终产品质量的提高。Chen 和 Swenson（2006）通过 1997～2003 年中国产品层面的贸易数据，研究跨国公司对国内企业出口产品质量的影响。研究结果表明，行业内 FDI 渗透率越高，内资企业的出口产品单位价值越大，出口产品交易量也越多。由于信息传递，跨国公司的存在使本国公司能够了解他们最有利可图的出口产品的类型。这种信息传递可能会增加新的私人出口交易的数量或提高所引入的交易质量。

Harding 和 Javorcik（2012）利用 1984～2000 年的 105 个国家层面 4 位数的 SITC 水平衡量的出口单位价值的行业数据，研究 FDI 对出口产品质量的影响。研究结果表明，在发展中国家的外商直接投资能够显著促进出口单位价值的提升，即吸引 FDI 可以提高发展中国家的出口品质，但这在发达国家效果并不显著。

李坤望和王有鑫（2013）通过中国产品层面数据研究 FDI 是否促进中国出口产品质量升级。研究结果表明，外商直接投资对中国出口产品质量影响显著，且外商投资对产品质量提升作用高于港澳台投资。此外，二位学者将行业进一步细分后发现，外商直接投资对资本密集型行业和高外资进入行业的出口产品质量升级作用明显，对劳动密集型行业和低外资进入行业则存在阻碍作用。

施炳展（2015）对工业企业数据库和海关数据库进行匹配，保留本土出口企业样本，测算本土企业出口产品质量变化情况，然后实证分析了外资进入中国对本土企业出口产品质量的影响。研究结果表明，外商直接投资稳健地降低了本土企业出口产品的质量，外国资本进入中国企业，通过生产效率、研发效率、加剧竞争等方式降低了本国企业出口产品的质量,却通过广告效率、缓解融资约束提升了本土企业出口产品的质量,外资降低了本土企业出口产品的质量。

4. 市场特点与产品质量

从市场结构来看,Mussa 和 Rosen (1978) 比较了厂商在垄断和完全竞争下的质量选择问题,认为相比于竞争市场,垄断市场上的产品质量更高。Nakao (1982) 研究了充分动态条件下产品质量水平与行业结构之间的关系,比较静态结果表明,随着垄断者数量的增加,行业的平均产品质量下降。Dana Jr. 和 Fong (2011) 则提出寡头市场上的企业由于可以通过威胁来维持产品的高品质使其均衡时的产品质量高于垄断市场或竞争市场的均衡产品质量;Berry 和 Waldfogel (2010) 发现市场规模扩大会提高最终产品质量,产品的平均质量随着市场规模的增加而提升,但随着市场规模的增长,质量的提升并不多。

5. 政府干预与贸易自由

出于公平竞争、国内就业及幼稚产业保护理论的考虑,各国政府政策会偏向对本国企业的保护。在双寡头模型和垂直差异产品假设下,分析经济转型过程中补贴与质量升级的关系,得出补贴对产品质量影响非常敏感,并且发现补贴会加剧价格竞争,迫使企业质量升级 (Moraga-González and Viaene, 2005)。政府补贴通过降低企业成本,鼓励企业引进先进技术,来提升企业生产率。政府向高技术和高外资企业发放的研发补贴,对质量升级的促进效果更为显著 (邵敏,2012;苏振东等,2012;李秀芳、施炳展,2013)。但政府的过分干预会降低管理机构和整个市场的效率,如进口配额管制,对比进口配额前后中国纺织和服装的出口情况,证实了进口配额取消后,进口竞争的加剧将提升企业专业化和中间投入品的易获得性,促进产品质量升级 (Amiti and Khandelwal, 2013;Fernandes and Paunov, 2013)。

世界范围内区域自由贸易协定的蓬勃发展,掀起了全球贸易自由化浪潮,关税与非关税壁垒降低,产品贸易成本下降,提升了企业的利润空间,加大了企业技术投资,推动了企业技术与产品质量升级,增加了

企业出口 (Bernard et al., 2006；余淼杰，2010；王恬、王苍峰，2010；Bustos，2011)。前期关税对质量升级的影响研究较为笼统，将关税细分为输入品和输出品关税后，研究两类关税下调对企业生产力的不同影响发现，中间输入品关税下调 10%，使用进口中间品的企业的生产率可提高 12%，而输出品关税降低 10%，企业生产率提升 1% ~ 6%，从企业生产率来看，中间输入品关税下调获利至少是输出品关税降低获利的两倍 (Amiti and Konings，2007)。Amiti 和 Khandelwal (2013) 将关税作为进口竞争的一个衡量指标，分析其对质量升级的影响，结果表明进口竞争和出口产品质量升级之间存在非单调性关系——产品质量接近国际前沿质量，增加进口竞争，促进质量升级；产品质量与国际前沿质量距离遥远，增加进口竞争，阻碍质量升级。张杰等 (2014) 利用 2000 ~ 2006 年的中国海关贸易数据库以及 1999 ~ 2007 年的中国工业企业数据库研究了政府补贴、市场竞争对出口产品质量的影响。他们的研究表明，政府补贴这只"看不见的手"阻碍了中国企业的出口产品质量升级，竞争对出口产品质量的影响并不显著。

(二) 内部因素

1. 技术研发与模仿能力

产品质量改进都遵循相应的质量阶梯，产品质量升级的进度很大程度上取决于企业的研发与模仿能力 (Gene and Helpman，1991)。这一能力可来源于企业自身或先进企业的技术外溢。许多发展中国家通过吸引外资促使跨国公司技术外溢，通过本土企业的模仿和再创新，提高国内企业的生产率，达到质量升级的目的。尹翔硕等 (2005)、李坤望和王有鑫 (2013) 等侧重对外直接投资对各产业生产率的影响，考察一国与发达贸易伙伴国研发支出的关系，发现中国的全要素生产率对较发达贸易伙伴国的研发支出所产生的技术外溢效应有较强的依赖性，且外商投资比港澳台投资的外溢效应更为显著。然而，这一结论不适用于所有行业，对外直接投资在资本密集型和高外资进入的行业中有助于产品的质量升级，而在劳动密集型和低外资进入的行业中却不利于出口产品质量的升级。北方企业通过创新提高原有产品质量，并以对外直接投资方式将生产转移到南方，南方企业以模仿北方企业为质量升级路径，北方企业加强知识产权保护，将减少模仿带来的质量升级（Glass and Wu，2007）。

Thatcher 等（2001）通过构建理论模型实证了生产技术对产品质量的决定性影响，这一论点被美国 1996 年来源于 58 个国家的进口产品数据所支持。李怀建和沈坤荣（2015）的研究表明，研发水平对出口产品质量提升作用明显。进一步来说，研发水平对不同组别的国家出口产品质量的影响不完全相同。一个国家越是发达，那么研发水平对这个国家出口产品质量的影响作用越是明显。由于发展中国家研发水平较低，所以通过提高研发水平来促进出口产品质量提升要经历漫长的过程。

2. 企业生产率、规模与产品质量

Kugler 和 Verhoogen（2012）认为，大规模企业生产的产品质量高。他们利用一份丰富而有代表性的数据，即 1982～2005 年哥伦比亚 10 名以上工人的制造工厂的投入和产出价格等数据，构建了异质性企业的投入和产出质量内生选择模型，对投入价格、产出价格和工厂规模进行实证分析。在产品种类较少的行业中，较大的厂商对其生产的产品出售更高的价格，实现更高的收益，为其中间品投入支付更多的费用，也就是众所周知的工厂规模和工资之间的正相关关系。Brown 和 Medoff（1989）将其称为"企业规模—工资效应"（Employer Size-Wage Effect）。同时表明，他们的实证模式与 Melitz（2003）的框架相一致，包括投入和产出质量的内生选择。Brown 和 Medoff 采用 Sutton（1999）对质量差异的衡量标准，发现各个部门之间的价格和工厂规模之间关系的差异与他们的模型是一致的。实证结果表明，投入和产出的质量差异在产品价格—工厂规模相关性中发挥重要作用，而市场影响力（Market Power）差异则无法解释价格与工厂规模的相关性。Kugler 和 Verhoogen（2012）在他们的研究中考虑了两个特定产品——空心砖与酒类肥皂，因为它们具有相对简单的生产过程，并且质量提升空间有较大差异。空心砖是哥伦比亚常见的建筑材料，类似于煤渣块，但由黏土而不是混凝土制成，空心砖质量差异的范围非常有限。通常用于哥伦比亚洗手间的酒类肥皂是由某种形式的动物脂肪与碱液（氢氧化钠）或类似化学物质组合而成的。在众多知名品牌下，消费者对酒类肥皂质量差异十分敏感，因为杂质会影响肥皂的颜色、气味和酸度。相比较而言，酒类肥皂质量提升空间远远大于空心砖。

3. 企业融资约束与质量

Guillou（2015）通过对法国企业的数据研究得出，企业融资约束阻碍着企业出口产品的质量升级。企业面临的债务负担越高，进口中间品的数量越少，研发投入越少，那么出口产品的质量也会越低。Ciani和 Bartoli（2015）通过研究得出了相同的结论。

张杰等（2014）通过海关贸易数据库和中国工业企业数据库研究发现，中国出口产品质量与融资约束的关系为倒 U 型。不同所有制企业面临政府的干预或者金融抑制情况时存在显著的差异。融资约束对国有制企业的影响作用并不大，相反却严重阻碍了民营企业出口产品质量的升级，对外资企业则存在显著的门槛效应。

4. 要素密集度与质量

根据传统比较优势理论，每个国家会根据本国生产要素密集度进行具有比较优势产品的专业化生产。由于高质量产品往往具有较高的资本密集度，可以认为资本密集型国家生产并出口高质量的产品，劳动力和资源密集型国家生产和出口低质量产品（Falvey and Kierzkowski，1984）。Schott（2004）研究表明，出口企业产品质量也就是产品单位价值与本国的要素密集度和技术水平密切相关。资本密集型和技术密集型国家能生产出符合其最具有优势的要素禀赋的高质量和高出口加成率的产品，在国际市场竞争中更具优势。施炳展（2013）采用嵌套 Logit 模型，剔除了市场份额中的价格因素，研究了中国出口产品质量，发现中国资本密集型与技术密集型产业的质量阶梯较长，然而出口产品质量较差。按照垂直产业贸易理论，中国的资本密集型和技术密集型产业在全球处于低端位置，而发达国家中，质量阶梯越长的产业越不容易受到发展中国家的冲击。另外，中国平均出口产品质量没有明显高于其人均收入对应的质量水平，主要原因是劳动力成本提升、外资企业加剧市场竞争以及加工贸易比重下降。

二 中间品质量的影响因素

(一) 中间品贸易自由化提升产品质量

有关进口竞争对质量升级影响的文献，大多将进口竞争分为中间品进口竞争与最终品进口竞争。陈维涛 (2017) 通过面板回归和 DID 回归分析进口竞争对中国工业行业技术复杂度的影响，发现最终品的进口竞争会导致低技术行业技术复杂度下降，但能够促进高技术行业技术复杂度的提升；中间品的进口竞争则只会对中等技术行业技术复杂度起到促进作用。

Goldberg 等 (2010) 从中间品进口的角度剖析了进口竞争对企业产出的影响，通过新产品在一国贸易增长中起核心作用的假设，得出了中间品的进口促进国内产品种类增加，最终实现经济增长的研究结论。在20世纪90年代，印度企业生产的产品数量呈现爆炸式增长，与此同时，印度的进口量也大幅增长，其中三分之二以上的中间品进口种类扩大。为了研究印度公司进口量的大幅增长与国内公司大规模引入新产品的关系，Goldberg 等 (2010) 选用 1989~2003 年印度贸易自由化时期的企业数据，调查了进口关税自由化对印度国内产品种类的影响方式。他们在模型方面主要借鉴 Romer (1987)、Rivera-Batiz 和 Romer (1991) 的内生增长模型，强调了新品种进口产生的静态收益 (Conventional Gains) 和动态收益 (Dynamic Gains)，根据 Feenstra (1994)、Broda 和 Weinstein (2006) 的方法进行了结构设计，并使用印度的投入产出表构建每个行业的进口价格指数以便观测现有投入品的价格变动以及量化进口新产品对价格指数的影响。通过构建上述模型，Goldberg 等（2010）预测企业通过增加产品投入从而在国际贸易中获利，这一过程产生了贸易的静态收益。反之，更多的进口投入使企业引入新的品种来扩大国内产品的范围，从而产生贸易的动态收益。他们的实证研究结果表明，进口关税下降扩大了企业产品范围，并且进口关税下降幅度越大的行业对国内产品种类增长的贡献越大。关税自由化不仅通过降低中间品进口成本引领国内产品新种类的开发，并且通过新产品的进口，解除了国内生产者面临的技术限制，促进了技术升级。这一研究结果与强调中间投入对生产率增长的重要性的论文一致（Ethier，1979；Markusen，1989；Grossman and Helpman，1991）。越来越多的学者研究验证了上述结论，认为中间品的进口或进口关税的下降与生产率增长密切相关（Kasahara and Rodrigue，2008；Amiti and Konings，2007；Topalova，2014）。

Amiti 和 Konings（2007）对印度尼西亚的研究发现，中间品关税的降低，也就是中间品贸易自由化显著促进了印度尼西亚企业生产率的提高，进而对企业出口产品升级具有积极影响。

Sugita（2009）构建了质量升级机制的一般均衡模型，用博弈论中的匹配（Matching）方法，研究中间产品贸易的产品质量问题，认为异质性进出口企业通过提高企业之间的匹配，使中间品贸易促进最终产品的质量提升。研究结果表明，虽然参与国际贸易的厂商不是所有的规模大和生产高质量产品的厂商，但是由于进口行为和出口行为都被集中在规模大和生产高质量产品的厂商中间，中间产品贸易提高了最终厂商的产品质量。

Manova 和 Zhang（2012）通过对中国企业层面数据的研究发现，高质量产品会带给消费者更高的效用，因此高收入消费者倾向于消费高质量产品，出口目的地国家的收入水平越高，越会显著促进出口产品和进口产品质量的升级。更成功的出口企业会使用高质量的中间品投入生产高质量的产品。Kugler 和 Verhoogen（2012）指出通过贸易自由化，发展中国家企业可以进口高质量的中间产品，从而提升最终产品质量和出口产品价格。

Fan 等（2013）关注贸易自由化带来的关税削减对投入的中间产品及出口产品质量的影响，认为通过贸易自由化可以进口高质量的中间产品，并最终提高产品的价格和质量。他们利用中国海关总署编制的 2001～2006 年中国加入世贸组织后的进口和出口企业 8 位 HS 编码的贸易数据对这一模型进行估算，发现质量异质性大的企业，经过进口投入最大的、关税削减的中间产品，获得更高质量的中间产品，提高了产品的价格和质量。

Bas 和 Strauss-Kahn（2015）认为中间品贸易自由化可以提升企业进口中间品的质量，而进口中间品质量的提升最终会提高企业出口产品的质量。他们使用企业出口产品的单位价格代替出口产品质量，进一步考察了贸易自由化对企业中间品进口和出口产品价格的影响，证实了中间品贸易自由化对企业出口产品升级的积极影响，并通过中国数据实证检验了这一结果。

殷德生（2011）构建了产品质量升级理论模型，对贸易开放如何提升产品质量给出了理论解释，研究发现发达国家市场规模的扩大促使我国进口高质量中间产品，本国出口产品质量因此得到提升。刘伟丽和陈勇（2012）研究了中国制造业的产品质量阶梯和产业质量阶梯，在 Khandelwal 的国际贸易产品质量模型的基础上，研究适合发展中国家的产品质量理论模型，运用 2000～2008 年中国海关产品协调商品名称和 8 位编码的海关进出口企业和产品月度数据进行实证分析，采用产品单位价值、市场份额和人均 GDP 等指标来衡量最终产品和中间产品质量，对产业质量阶梯与全要素生产率进行相关性研究，并与美国的产业质量阶梯进行比较，提出短期为赢得更多的市场份额，中国应该发展质量阶梯较短的产业；长期为促进产业升级和经济发展，应该积极进行产品的质量升级和技术进步，发展质量阶梯较长的产业。他们根据广义经济分类研究发现，中国进口最终产品质量高于中间品质量，发展加工贸易可以促进出口和产品质量升级。

刘海洋等（2017）从企业微观视角出发，利用 2000～2006 年中国工业企业和海关进出口贸易匹配数据对进口中间品与出口产品质量的关系进行实证检验，考察进口中间品企业当期的出口产品质量效应。实证结果发现，进口中间品能显著提升中国企业出口产品质量，剔除加工贸易后结果更加显著，然而进口中间品使用强度对产品质量提升呈递减趋势；从动态角度看，进口持续期与出口产品质量呈 U 型关系，短暂进口在质量提升上并不明显，适时进入以及持续进口能显著提升产品质量。

许家云等（2017）利用中国工业企业微观数据和海关贸易数据，考察了中间品进口对中国制造业企业出口产品质量的影响。研究发现，中间品进口尤其是高质量的中间品进口确实促进了中国企业的出口产品质量升级。

（二）中间品质量提升的作用机制

1. 关税削减促进效应

中间品贸易自由化使进口中间品的关税得到减免（这是决定出口产品质量的一个因素），从而促进了一国出口产品质量的升级。

汪建新（2014）利用中国海关数据库的 6 位 HS 编码的地区—产品数据，从省市的角度考察了削减进口产品的关税水平对我国各省市出口产品质量升级的影响，证明了削减进口关税带来的市场竞争对我国出口产品质量升级的作用方向是不同的。

2. 边际成本降低效应

进口中间品多元化可以通过边际成本降低效应提升企业产品质量。进口中间品和国内中间品之间的不完全替代性，增加了企业可以使用和选择的中间品种类，从而降低了企业进口中间品的价格和成本。Goldberg 等（2010）研究发现进口新类型的中间品会使企业进口中间品的价格指数下降 4.7%。显然，企业进口中间品的种类越多，其成本支付越低，因此有更充足的资金投入企业产品质量的升级。

进口中间品多元化的作用受到企业自身条件的限制。Augier 等（2013）利用西班牙企业数据发现，进口中间品作用的发挥依赖于企业熟练劳动力的比例。Foster-Mcgregor 等（2016）基于撒哈拉地区企业数据也得出了类似的结论。

3. 中间产品质量提升效应

Ethier（1982）提出，在发展中国家，企业对高质量中间品的需求难以在国内得到满足，进口较高质量的中间品是其获得出口质量升级的重要措施。Blalock 和 Veloso（2007）发现，企业进口的中间品是国外企业研发投入和高技术水平的体现，因此进口中间品可以使企业短时间内提升其投入品质量，从而生产出更高质量的产品。Feng 等（2012）通过研究进口中间品与出口产品之间的关系发现，企业进口中间品种类的增加有助于增加企业出口产品的种类，从而扩展企业自身的出口范围。此外，他们还分析了中间品对于企业出口产品影响的可能机制，认为中间品存在技术溢出效应以及研发密集度效应，能够促使企业提升出口产品的质量。Bas 和 Strauss-Kahn（2015）认为进口中间产品代表着更高的质量水平，而更高的中间品质量水平能够促进企业出口产品质量的提升。

康志勇（2015）的研究表明，中间品对出口产品质量有两种影响，一是提升效率，二是降低成本。这两种影响主要取决于中间品的进口来源国。如果中间品是从发达的高收入国家进口，那么中间品可以通过提升企业生产效率来改善企业出口产品的质量；如果中间品是从发展中国家进口，那么中间品就可以通过降低企业生产成本来提高企业出口产品质量。实证研究表明，中间品对中国企业出口产品的影响主要通过提升效率而不是节约成本。

大量理论研究表明，生产高质量产品需要高成本的投入（Kugler and Verhoogen，2012；Hallak and Sivadasan，2013）。尽管提高出口质量可能有助于发展中国家的企业进入有利可图的市场，但是如果对高质量产品的投入成本过高，最终结果将是得不偿失。Bas 和 Strauss-Kahn（2014）认为，企业可以利用投入品贸易自由化来提高其进口投入品的质量，以提高其出口产品的质量。他们使用 2000～2006 年中国加入世贸组织后的交易数据，探讨了投入品贸易自由化对进口产品和出口产品价格的影响。Bas 和 Strauss-Kahn（2014）在研究中首先发现，在投入品贸易自由化之后，如果投入品来自最重要的发达经济体，企业就会进口更多的投入品品种；最终实证证明贸易自由化允许企业以较低的投入成本升级其出口产品质量。Kugler 和 Verhoogen（2012）也模拟了中间投入品的质量与最终产品的质量之间的关系，发现产出质量取决于投入质量，也就是质量投资的固定成本影响最终产出品质量。在中间投入部门，更昂贵的劳动力才能生产出更高质量的投入品。因此，对于最终品生产者来说，中间投入品的质量和投入成本是正相关的，在均衡的条件下，竞争力较强的公司通过高质量投入来获取高质量的产出。Fan 和 Li（2013）将企业在低关税期间对进口投入品数量和质量的选择内生化，发现企业增加投入品数量和质量，能够促进出口产品质量升级。Demir（2011）也在研究中证实了投入品贸易自由化导致南方企业出口质量升级。

（三）中间产品质量促进效应的影响因素

1. 进口来源地

汪建新等（2015）通过研究国际生产分割和中间品对中国企业出口产品质量的影响，发现一味地从国外进口高质量的中间品或者先进的技术对于中国企业出口产品质量的改善作用并不是无穷的，而是存在拐点。来自不同国家的中间品对于中国企业出口产品质量提升的作用并不完全相同，来自 OECD 国家的中间品对中国企业出口产品质量提升的作用较高。

李方静（2016）采用 2002～2006 年中国制造业企业微观数据，实证分析了中间品进口与企业出口质量之间的相关关系。研究发现，进口中间品与企业出口质量存在显著正相关关系。通过将进口来源地划分为高收入国家和低收入国家，进一步实证分析发现，从低收入国家进口的中间品对企业出口质量的提升作用更大，即产品低价或互补效应的作用更大。

2. 贸易类型

马述忠和吴国杰（2016）利用中国进出口海关数据库产品层面的数据与中国工业企业数据库的合并数据，按照 BEC 分类标准对企业中间品进口进行了甄别和筛选，通过实证检验，来研究不同贸易类型的中间品进口对企业出口产品质量的影响。

第五节 质量升级的技术路径

一 企业层面的质量升级路径

企业对于质量的选择主要是成本与利润的微观权衡，那些面对激烈市场竞争的企业需努力提升产品和服务质量以获得最大化利润。企业质量升级的速度取决于研发与模仿能力，主要是通过创新或模仿获取更高技术，提升生产率，最终达到质量升级的目的。

企业研发与模仿能力的提升，主要依赖于高技术与创新人才。企业一方面要重视对企业内部技术研发人员的培养，另一方面需要适时适当引进外资企业的高技术创新人才，努力创造能发挥高技术员工才能的工作环境，保证企业能自如应对来自市场的竞争。另外，高层管理的支持、其他员工的积极参与、有针对性的经营战略、产品内分工结构、质量成本评估以及科学的市场营销手段也是企业质量升级路径中必不可少的因素（Barney et al.，1989；王恬，2008；陈勇兵等，2012）。

二 行业层面的质量升级路径

行业层面的考虑主要是行业能否为各主体的发展提供良好的营商环

境，来鼓励企业产品的质量升级。李坤望和王有鑫（2013）通过研究对外直接投资的外溢效应对企业技术与生产率的促进作用，分析不同行业对外直接投资产生的差异。

行业的对外直接投资技术外溢吸收能力与行业的经济开放程度、技术和资本密集度相关，那些经济开放程度高、人力资本积累快速、自身技术水平较高的行业，对外直接投资的外溢效果显著，需进一步加大高技术行业对外直接投资的吸引力度。而特定行业在不同区域中质量升级的制约因素大不相同，制约我国东部地区质量升级的主要因素是滞后的人力资本投资，而制约中部地区质量升级的关键因素是经济开放度，因此，推进这两类地区的质量升级技术路径分别从提高人力资本回报率、人力资本转移和深化对内外开放、促进市场化进程着手（赖明勇等，2005）。

三　政府层面的质量升级路径

关税、补贴和进口配额等贸易壁垒，对质量升级会产生不同的影响。关税降低与补贴的增加，可降低国际贸易成本，提升企业的利润空间，鼓励企业雇用高端人才，使用先进技术，来提升产品质量。相比最终产品关税，中间投入品关税的降低，对企业出口产品质量升级效用更为显著（Amiti and Konings，2007）。政府应当降低中间投入品关税，适时分行业地增加补贴，加大对质量升级效应显著的高外资、高技术行业的补贴力度，探索最优补贴方案。

进口配额与其他一些直接或间接的非关税壁垒，如进出口许可证、自动出口限额、通关环节壁垒、进口押金制、技术性贸易壁垒和卫生检验、原产地标准等，都在一定程度上降低了企业提升技术与生产率的积极性，阻碍了质量的升级，政府应逐步适量减少这些低效率的贸易壁垒，以恢复市场的活力。

第六节　未来动向

国内外已有的质量升级研究成果，丰富了国际贸易微观领域的研究范畴。然而，产品质量升级研究目前还处于发展阶段，仍有大量问题值得深入研究。

一　质量升级衡量方法

单位价值与多指标综合法已成为该研究领域普遍接受的方法，在理论与实证的不断丰富下，产品质量也基本形成了一套衡量标准。但这两种衡量方法，都存在无法排除非质量因素对质量测算干扰的缺陷，衡量时几乎只能反映产品质量的部分垂直化差异，没有涉及产品质量的水平差异、研究者无法观察到却能被消费者感知的质量差异。另外，随着产品质量研究由国家和产业宏观层面向企业与产品微观层面的深入，受企业与产品微观层面数据的约束，上述质量衡量方法已不能满足实证研究进一步发展的需要。未来的研究应在提高数据科学性与实用性的前提下，联合消费者效用理论、购买决策心理等质量主观因素，着重探究产品质量水平差异衡量指标，进一步完善衡量质量升级的方法。

二　质量升级技术路径

在现有文献中，研究质量升级影响因素的文献最为丰富，并集中于研究这些因素对质量升级作用的实证及传递机制的推导，但对于质量升级的技术路径研究过少，研究层面比较基础，对企业实现质量升级给出的措施较为模糊，指导性不强。后续的研究需进一步深入对单一因素影响机制的准确把握，突破原有宏观层面的研究，从产品这一更微观层面，挖掘各类产品质量升级的主要影响因素，有针对性地提出各类产品最为有效的质量升级技术路径，为企业提供切实可行的质量升级建议。

三　质量升级成本量化

企业质量升级选择主要是权衡质量升级产生的成本与可能获得的利润，只有在质量升级的经济利益能够弥补质量升级成本时，企业才会考虑质量升级。因此，质量升级成本问题是研究质量升级问题的前提，理应是质量升级研究中不可或缺的一个环节，但在现有文献中，对质量升级成本的研究不多，能够准确量化的更少。

质量升级成本研究发展的关键在于质量升级成本的精准量化，通过对比质量升级效益与质量升级成本的大小，探索质量成本一定的情况下质量升级可能达到的最大限度，或既定质量升级水平下的成本最小化，即最佳质量升级成本与质量升级最优水平的均衡匹配点，是未来质量升级成本研究亟待解决的问题。

第四章　质量与生产率

生产率被认为是企业间异质性的主要方面，也是决定企业竞争力的重要因素。生产率较高的企业制定较高的竞争价格，而生产率低的企业往往竞争价格较低（Kugler and Verhoogen，2012）。Verhoogen（2008）将产品质量融入异质性企业贸易模型，构成了新新贸易理论的基本框架，认为生产率高的企业更倾向于生产质量高的产品，并将其高价出口至更多国家。Bernard 等（2011）创建了一个多产品、多目标出口国企业的一般均衡模型，通过分析贸易政策的时间序列变化和贸易的横截面变化，证实了在固定成本的前提下，生产率较高的企业选择出口，中等生产率企业只服务于国内市场，生产率最低的企业退出市场。根据 Kugler 和 Verhoogen（2009）、Verhoogen（2008）提出的质量互补假设，投入品质量和生产率联合决定企业的产出品质量。

第一节　质量与生产率

生产率与质量关系的研究有 Sutton（1998）、Schott（2004）、Manova 和 Zhang（2012）、Foster 等（2008）、Alcalá（2016）、Crinò 和 Epifani（2009）等学者。当质量被内生化，高生产率的企业就意味着生产高质量产品的企业。Alcalá（2016）提出了一个易于处理的多国—多行业 Ricardian 模型，在企业层面，模型的关键假设是质量偏好效率（Quality-Biased Efficiency）。质量偏好效率意味着两家企业中，随着效率的上升，其相对生产率会随着增加，因为生产率会向着更高的质量发展。也就是说，质量偏好效率意味着企业的生产率在企业效率和产品质量上呈对数超模（Log-Supermodular）。效率的质量偏好在质量异质性企业贸易模型中是一个常见的假设（通常是隐含的），并且得到了美国和其他国家数据的实证支持。在均衡状态下，每个国家出口每种商品的质量范围与其他国家出口这种商品的质量范围存在一定的重叠，这种重叠遵循与工资差异、贸易摩擦和绝对优势相关的模式。在合理的假设下并在工资相同的条件下，一个国家在特定行业的出口平均质量会随着该国此行业显性比较优势的增加而提升。

多数有关异质性企业的文献认为，高生产率的企业对低收入目的地出口更多。Crinò 和 Epifani（2009）则认为，由于产品质量的内生性、跨企业异质性与质量消费中的跨国异质性三者之间的相互作用，生产率与对低收入目的地的出口份额呈现负相关关系。Sutton（1998）提出企业创新活动能够在一定程度上代表产品质量，因此假设高生产率企业通过更高的研发投入和更多的创新活动，生产更高质量的产品。在实证中，他将质量引入异质企业框架，并通过模拟结果估计模型参数。假设质量偏好随着外国目的地的人均收入单调增加，且预计企业参与创新活动与其对低收入目的地的出口份额之间存在负相关关系。最终的研究结果表明，高生产率企业倾向于生产更高质量的产品，而且往往将其销售区域集中在高收入国家市场。

在生产率测度方面，Crinò 和 Epifani 参考了 EKK 模型，将生产率视为每单位要素成本（VAFC）的增加值，其中增加值等于收入减去中间支出，要素成本等于总工资加上成本，并将生产率作为产品质量的测量指标。意大利商业银行 Unicredit 管理的第 9 项调查报告中整理了2001～2003 年意大利雇用 10 名以上员工的制造业企业信息，将出口目的地国家分为高收入和低收入类别，最终实证证明生产率与对低收入目的地的出口份额之间具有很强的负相关性。生产率高的公司生产的产品质量更高，倾向于将其销售集中在高收入市场，因为高收入目的地对他们生产的高质量产品的相对需求较高。

第二节 质量效应与生产率效应

Gervais（2009）发现如果企业加大技术投入而产生相对较高的生产成本，消费者就会将其产品定义为高质量产品，因此企业能获得有利的需求转移，可以在既定的价格出售相对更多的产品。实证研究结果表明，价格和单位生产成本的提升反映在产品质量上，而他们的下降则反映在生产率上，通过提高生产率降低价格带来的效益不如提高质量带来的效益明显。而在柔性制造（Flexible Manufacturing）中，越接近企业核心竞争力的产品生产率越高，生产成本越低，从而能够获得优势价格，企业会增加产量，加大投资力度。因此，异质性企业往往通过提高产品质量和价格，大量出口至高收入国家，此时质量效应优于生产率效应。而同质企业则借用生产率的提高减少生产边际成本，以更低的价格供应国内市场或者出口至低收入国家，此时生产率效应更占优势。

Eckel 等（2015）提出了异质性企业的成本竞争效应与质量竞争效应，生产率通过成本与质量影响出口价格。成本竞争效应是指当产品被消费者视为对称差异替代品时，企业只能低价销售核心产品，导致大量产品低价卖出，此时价格和销售情况是负相关的；质量竞争效应是指企业为了获得更高级的产品标识，鼓励对品质认知度的投资，从而提高消费者的期望价格，此时价格和销售情况是正相关的。异质性企业在出口市场具有质量竞争力，但非异质性企业具有成本竞争力，因此企业应该根据他们的产品以及所在市场的特征选择成本竞争或质量竞争。

樊海潮和郭光远（2015）在研究中提出了质量效应与生产率效应。其中，质量效应是指高生产率企业选择生产高质量的产品，价格与企业生产率呈现正相关关系。生产率较高的企业制定较高的出口价格，而生产率低的企业往往出口价格较低。生产率效应则指去除质量因素后，生产率越高，边际成本越低，此时价格与生产率负相关。

第三节　质量、生产率和自由化

贸易自由化降低了贸易壁垒带来的边际成本，高生产率企业加大生产和出口，低生产率企业被迫退出市场，资源实现再分配，一国的平均生产效率得以提高（Pavcnik，2010）。Melitz（2003）认为，贸易开放使更多的生产性企业进入出口市场（而一些生产率较低的企业只能继续为国内市场生产），同时迫使生产率最低的企业退出。贸易开放度的提高导致了行业内企业之间的资源重新分配。由于一般均衡交易模型建立在代表性企业框架上，忽略了行业内的重新分配，因此 Melitz（2003）选用具有异质性的动态行业模型——一般均衡模型填补空白，解释贸易如何导致行业重新分配。而且大量研究已经证明了退出企业与低生产率之间的强相关性（企业发展时间也与退出市场相关：发展时间越短，问题越多，越容易导致退出市场）。因此在开放的市场条件下，生产率的差异会导致资源和市场份额从低生产率产品转移至高生产率产品，从而实现市场范围内不同生产率企业的资源再分配。

Pavcnik（2010）实证研究了智利贸易自由化对厂商生产率的影响。由于智利经历过大规模的贸易自由化，因此选取智利厂商作为研究对象。通过构建生产函数来测度厂商的生产率，并使用半参数估计生产函数纠正输入系数时的偏差问题。将属于四位数 ISIC 行业的出口占其总产量超过 15% 的工厂定义为出口导向型。将属于四位数的国际标准工业分类行业的进口占国内生产总值的比例超过 15% 的工厂定义为进口竞争型。最终他们的实证结果证实了以下观点：贸易自由化使国内生产者面临国外竞争，降低其市场影响力，并可能迫使其扩大产出，降低平均成本曲线；这可能削弱规模经济的影响。规模经济在发展中国家不太可能带来收益，发展中国家的规模越来越大，通常与进口竞争产业有关，由于竞争加剧，其产量有可能收缩（Rodrik，1988）。工厂投资优质技术以降低成本，降低成本的动机可能会随着市场份额的增加而增强。如果贸易自由化在不扩大国际销售的情况下，降低国内生产者的国内市场份额，他们将会实施保护性措施，减少对技术的投资。尽管关税削减会降低进口货物的相对价格以及便于国内厂商吸收外国技术，但是以上的效应会削弱这一好处。

许多研究发现，由于"进口竞争"的影响，较低的产出关税（Output Tariff）提高了生产率。例如，在 Trefler（2004）的研究中，加拿大和美国的劳动生产率在经历了最大关税削减的行业中上升了 14%。Pavcnik（2010）则表明，由于贸易自由化，智利进口竞争行业的生产率增长比非贸易品行业高 10%。Tybout 等（1991）、Levinsohn（1993）、Harrison（1994）、Tybout 和 Westbrook（1995）同样做出了有关产出关税和生产率的研究。相比之下，Ethier（1982）的模型显示，较低的投入品关税可以提高生产率，获得更多品种的中间投入品，获得更高质量的投入品，并通过学习实现生产率的提高。Schor（2004）对巴西的一项相关研究表明，降低投入品关税和产出品关税对生产率的影响幅度相当。这种相似性可能是由于关税的高水平聚合。

Amiti 和 Konings（2007）创造性地将从降低最终产品（Final Goods）关税得到的生产率收益与从降低中间投入品（Intermediate Inputs）关税所产生的收益分开，预测较低的最终品关税会加剧进口竞争，从而促进生产率的提高，而较低的中间投入品关税可以通过学习、多样化和质量效应来提高生产率。他们使用 1991～2001 年印度尼西亚 300 多个制造业行业的普查数据和关税数据，包括关于进口投入品的工厂层面数据进行实证分析，结果显示进口公司在降低投入品关税时实现了最快的生产率增长，关税下降 10%，导致进口投入品的企业的生产率提高了 12%，至少是进口最终品企业的两倍。

第四节 中间品质量与生产率

中间品质量的提升是否会促进全要素生产率的提高一直有两种解

释，一种认为进口中间品可以促进进口国全要素生产率的提高；另一种认为进口中间品不能促进全要素生产率的提高。

一 中间品质量与生产率正相关

(一) 研究维度的变化

早期由于进口中间品质量的微观数据缺失及中间品质量测度的不易，关于进口中间品与企业生产率的研究主要集中在宏观层面，即研究"是否进口"中间品对企业生产率的影响。虽有少数学者关注到微观层面，但考察维度也仅在于产品种类和产品数量。近年来，随着产品质量测度方法的发展，对于进口中间品的研究才深入产品质量的维度。实证方面，随着微观贸易数据逐渐可获得，一些学者开始运用各国企业微观数据展开经验分析，进一步用数据实证分析来验证进口中间品质量与企业生产率之间的关系。

1. 宏观层面："是否进口"

关于进口中间品与企业生产率的宏观层面研究，主要关注"是否进口"中间品，即将进口中间品的企业与非进口企业进行对比，从而分析进口中间品对企业生产率的影响。

Romer (1990) 认为，从国外进口中间品可以促进企业生产效率的提高。Grossman 和 Helpman (1991) 从理论层面阐述了进口中间品的重要性。从国外进口中间品不仅可以增加中间品数量，更重要的是还可以增加可选择的中间品种类，进而提高劳动生产率。Coe 和 Helpman (1995) 的研究则更深入一步，从企业生产率的角度来考虑进口中间品的影响，发现进口中间品可以提高进口国企业的生产率。

实证研究方面，随着宏观贸易数据的逐渐可获得，一些学者开始运用各国宏观数据展开经验分析，经验研究结果表明，进口中间品可以促进进口国全要素生产率的显著提升。Coe 等 (1997) 运用 1971～1990 年 77 个发展中国家的数据实证检验了国际贸易产生技术溢出的途径，发现中间品的进口可以直接提高国内企业的劳动生产率。Xu 和 Wang（1999）利用 1983～1990 年 21 个 OECD 国家的数据，实证研究发现资本品进口可以通过技术扩散提高进口国企业的生产率；Acharaya 和 Keller（2008）将技术进步和进口联系起来，并利用 1973～2002 年 17 个工业化国家的详细数据研究中间品进口与生产率的关系，发现在不同国家、不同行业，贸易与生产率的关联具有很大的异质性。国内学者围绕进口中间品与企业生产率之间的关系进行了一系列研究，认为进口中间品可以显著提升企业的生产率。

2. 微观层面：产品质量

随着以 Melitz 为代表的学者提出的企业异质性理论的迅速发展，学者们的研究开始深入企业微观层面，研究中间品质量对企业生产率的影响。大量文献已经证明了进口中间品对企业生产率存在积极的促进和提升作用。

Amiti 和 Konings（2007）指出，除了使用更多种类的中间品，国内厂商也可以通过进口质量更高的中间品来获得生产率的提高。

Halpern 等（2011）总结出两种进口中间品促进生产率提升的作用机制：质量转移和种类互补机制。质量转移机制是指企业通过进口质量更高的中间品，从而提升企业生产率；种类互补机制是采用不同种类的中间品（进口和国内）可以创造更多的收益。他们进一步指出，进口中间品种类增加、进口中间品质量提升是贸易自由化影响企业生产效率的基本渠道。

Antoniades（2015）构建了质量内生化模型，将单纯的产品质量测度研究推进到产品质量与生产率的关系研究。

钟建军（2016）基于 2000～2007 年中国工业企业数据和海关数据，在 D－S 框架下，采用函数估算法测度进口中间品的质量。在测度制造业企业全要素生产率的基础上，实证检验进口中间品质量对企业全要素生产率的影响。实证研究结果显示，进口中间品质量对企业全要素生产率具有显著的正向影响，即通过"学习效应"机制、研发与进口中间品质量的"互补效应"机制提高全要素生产率。在全球价值链环境下，提升中国贸易利得的一个有效途径是进口高质量中间品，尤其是对于人力资本较弱的加工贸易企业、非出口企业、外资企业、私营企业和从发达经济体进口的企业来说，更应该进口高质量的中间品以提升全要素生产率。

3. 国别数据实证分析

由于企业微观数据可获得性逐渐增强，国内外学者们进一步利用不同国家的数据来实证研究进口中间品质量对企业生产率的影响。

Kasahara 和 Rodrigue（2008）采用智利制造业企业面板数据，考察其进口贸易与生产率的关系，发现企业的中间品进口行为显著提高了全要素生产率，即进口中间品能够促进智利进口企业生产率的提高。

Altomonte 等（2008）利用意大利 1996~2003 年制造业企业数据研究发现，进口对意大利企业有积极的促进作用，且这种促进作用对产业链上游的企业影响更大。

Parsons 和 Nguyen（2009）借助 Feenstra（1994）的进口种类指数方法，采用日本 1980~2000 年 21 个行业的进口数据，实证检验了进口中间产品种类与全要素生产率之间的关系，得出了两者正相关的结论。

Halpern 等（2011）利用匈牙利企业数据分析发现，进口中间品可以较大幅度地提高匈牙利企业的全要素生产率，其中超过 50% 的提高来源于国内外中间品的不完全替代。他们基于匈牙利企业层面的数据考察了中间品进口对企业生产率的影响，发现 1993~2002 年匈牙利企业生产率增长的四分之一可以归因于中间品进口的作用。Lööf 和 Andersson（2010）对瑞典企业的研究和 Yu（2015）对中国企业的研究，都发现进口中间品对企业生产率有促进效应。

（二）中间品质量促进企业生产率提高的传导机制

中间品质量对企业生产率的影响机制，主要是通过技术溢出效应、学习效应及其他传导机制来影响企业生产率。

1. 技术溢出效应

Rivera-Batiz 和 Romer（1991）使用欧洲的贸易数据发现，进口中间品会替代部分国内中间品，同时产生技术溢出，从而促进一国乃至全球经济的增长。部分学者发现不同类型及不同贸易方式下的中间品的技术溢出效应存在差异。楚明钦和陈启斐（2013）进一步将进口中间品分为零部件和成套设备，研究发现零部件进口会促进技术进步，成套设备进口反而会抑制技术进步。

2. 学习效应

Broda 等（2006）提出，发展中经济体存在进口学习效应，可通过进口发达国家高质量和高技术含量的中间品来学习。钟建军（2016）基于 2000～2007 年中国工业企业数据和海关数据，在测度进口中间品质量和制造业企业全要素生产率的基础上，实证检验了进口中间品质量对企业全要素生产率的影响；通过实证研究发现进口中间品质量对企业全要素生产率具有显著正向影响；并认为提高进口中间品质量会通过进口学习效应和与本土企业研发的互补效应来提高企业生产率，但其未从总体层面说明哪种效应起主要作用，只在作用机制内部证明了两种效应的存在，指出不同来源国的学习效应和互补效应存在差异。

除了技术溢出效应和发展中国家的学习效应，进口中间品还可以通过其他传导机制来影响企业生产率。Halpern 等（2015）进一步指出，进口中间品种类效应、进口中间品质量提升效应是贸易自由化影响企业生产效率的基本渠道。

（三）中间品质量对企业生产率促进效应的影响因素

1. 进口来源地

不同进口来源地的中间品质量对企业生产率有促进效应。中间品对企业生产率技术溢出效应有差异化影响。Feng 等（2012）对中国的研究发现，中间品进口对企业出口的影响受到进口来源国和行业研发水平的影响，从 OECD 国家进口比从非 OECD 国家进口对于出口的促进作用更大;在高技术行业中进口中间品更有利于企业扩大出口,并且中间品进口对私营企业出口行为的积极影响大于外商投资企业。

2. 企业类型

Altomonte 等(2008)从本行业和上游行业的视角,分别研究进口中间品对企业生产率的影响,发现上游行业比本行业更能有效利用进口中间品来提升自身的生产率。

二 中间品质量与生产率负相关

大部分学者的研究发现进口中间品对企业生产率有正向促进效应,但是也有研究发现进口中间品对企业生产率提高无促进作用。

Biesebroeck(2003)为了研究导致企业技术变革与生产率提高的因素,以及企业生产率增长与中间投入品之间的关系,利用哥伦比亚制造业 1977~1991 年的年度普查数据,通过指数(Index Numbers)、数据包络分析和三参数方法(Data Envelopment Analysis and Three Parametric Methods)、工具变量估计(Instrumental Variables Estimation)、随机边界(Stochastic Frontiers)以及半参数估计(Semi-Parametric Estimation)五种不同的生产力估计方法进行对比分析,发现生产力增长与使用进口中间投入品之间的关联是弱的,进口外国假冒仿制品甚至对于生产率的增长都没有或者是负面的影响。企业生产率的提高似乎不是通过更先进的进口中间投入品、外国工人或新技术的直接支付来实现的。

Muendler(2004)使用巴西统计局(IBGE)统计的 1986~1998 年巴西制造业的 9500 家大中型企业的数据集,分析了贸易诱导的生产率变化背后的三个不同机制,即竞争推动、外商投资推动及低效企业关闭推动。其中外商投资推动主要指高质量的设备和中间品的投入,让企业采用新的生产方式,从而提高了企业生产率。实证研究结果表明,国外竞争压力显著提高企业生产率,低效企业关闭的概率随着国外竞争的加剧而提高,对集体生产力有正向贡献。而使用国外进口中间投入品对生产率变动的影响不大。在许多部门,外国设备和中间投入的效率高于国内投入的效率，但是进口中间品的整体效率贡献很小。企业需要适当地使用高质量的投入品，以提高生产率。可能的原因在于巴西制造业公司在短期内并不能获得必要的重组。

Vogel 和 Wagner（2010）利用德国制造业企业 2001～2005 年综合面板数据集，实证检验了世界货物市场主导者德国的中间品进口与生产率之间的关系，并系统地通过测试更多生产性企业中间品进口的自我选择和进口学习效应（Learning-by-importing）来进行检验。鉴于德国制造业企业参与国际贸易的差异较大，分别对其东西两个区域进行分析。描述性统计数据显示，企业层面的中间品进口与生产率之间存在正相关关系。从具有固定企业效应的经验模型来控制企业规模、行业和不可观察的企业异质性，发现国际贸易的溢价在德国东部和西部大致相同。生产率对进口产生积极影响的证据表明，生产率较高的企业自我选择进口，但没有明确的证据表明由于进口学习而导致中间品进口对生产率的影响，即缺乏进口中间品对企业生产率产生影响的证据。

第五章　质量与创新

　　质量升级与企业创新具有很大的相关性，因为旨在更进一步提高产品复杂度的渐进式创新促进了经济发展（Hausmann et al., 2007；Puga and Trefler, 2005）。Fernandes 和 Paunov（2013）采用 1997～2003 年智利所有雇员 10 人以上的企业制造业数据，以单位价格来衡量不可观察的产品质量或产品技术复杂度，研究激烈的进口竞争是否引导了企业进行产品质量升级的渐进式创新。Fernandes 和 Parnov 创造性地把运输成本作为表示各行业进口渗透率的工具来确定进口竞争的因果效应，实证结果表明激烈的进口竞争对智利企业的质量升级产生了十分显著的正向影响，并且更强的进口竞争对质量差异较大的行业和具有较强吸收能力的企业具有较深远的影响力，质量升级会引领重要的技术升级、对进口中间投入品的更高投资，以及在较小程度上促进对新产品的引进，提高劳动生产率与市场竞争力。而最终产品运输成本的下降降低了市场准入成本，从而会促进贸易自由化、激化产品市场竞争，此时"逃避竞争"效应产生，企业通过创新实现质量升级。考虑到中间品投入时，进口中间投入品的渠道越便捷，则进口竞争对质量升级的影响越深远，并且只有在适当的条件下，进口竞争才能引领质量升级，比如企业需要雇用技术人才，所在行业需要具备创新机会，才能实现贸易的动态效益。把上述研究推广到其他新兴经济体上，会发现进口开放程度的提高可以促进创新。企业通过创新增强产品异质性和提高产品质量以逃避市场竞争。沿着 Verhoogen（2008）的方向，如果质量升级本身增加了对熟练劳动力的需求，进口竞争可能还会导致企业内部工资不平等问题的加剧。发展中国家公司贸易开放程度提高的主要好处是获得更多的品种和更高的投入品质量。

20 世纪 80 年代，以 Romer 等（1986）为代表的学者在新古典增长理论（Neoclassical Growth Theory）的基础上，提出了新增长理论（New Growth Theory）。新增长理论（也称内生增长理论）强调技术进步是内生性的，经济增长由经济主体的最优化行为决定，否定了新古典增长理论关于技术进步外生性的假设。而新增长理论后期发展为强调资本积累促进技术进步、创新和知识积累促进经济增长两大方向，极大地丰富和发展了原有的经济增长理论。20 世纪 90 年代初期，在动态一般均衡框架（Dynamic General-equilibrium Framework）下，经济学家们开始关注研发和创新对经济增长的推动作用，形成了熊彼特经济增长理论（Schumpeterian Growth Theory）的雏形。20 世纪 90 年代后期，熊彼特的经济增长理论得以发展，包括两个核心观点：第一，内生的研发和创新是推动技术进步和经济发展的关键因素，而逐利是根本动机；第二，创新是创造性破坏（Creative Destruction）的过程。企业在市场竞争中不断创新以突破市场重围获得竞争优势，而创新本身就是摒弃旧的发展模式、淘汰落后的市场竞争者。

在内生增长理论中，创新和技术投入成为促进经济增长的关键因素，主要归结为两种创新模式：一种是水平创新模式（Horizontal Innovation），即通过技术创新研发新产品，市场产品种类增加，产品异质性得以提高；另一种是垂直创新模式（Vertical Innovation），即通过专业化生产提高产品质量，高质量产品和具有创新优势的企业占领市场，低质量产品和技术落后企业被淘汰，这是创造性毁灭的过程，也可称为质量阶梯模式。这两种发展模式都能够内生性地促进社会经济发展。

第一节 市场竞争与创新的关系

市场竞争被广泛认为是经济发展的主要动力，能够引起市场内投入和产出的再分配，而市场创新和质量升级能够有效地提升市场竞争力。现代创新理论的提出者熊彼特认为，"创新"是资本主义经济增长和发展的源泉，没有"创新"就没有资本主义的发展。Aghion 等（2010）发现，市场竞争的加剧减少了租金流，从而弱化了市场创新和经济增长的动力，因此提出了和产业经济学 IP 理论类似的观点，认为竞争加剧不利于企业创新。另外，Aghion 和 Howitt（1992）借助内生增长模型证明了竞争加剧可以激励企业创新。Geroski（1995）、Nickell（1993）和 Blundell 等（1999）实证证实了产品市场竞争与创新产出之间的正相关关系。Aghion 和 Howitt（2005）、Aghion 等（2005）认为产品市场竞争（Production Market Competition，PMC）与创新是倒 U 型关系。竞争一方面会增加处于创新前沿的厂商的利润，另一方面也可能会削弱落后于市场创新水平的厂商的创新积极性（Innovation Incentives）。因此他们提出了以下假设：首先，厂商的技术均衡水平会随着市场竞争的加剧而下降；其次，一个行业的均衡水平越高，倒 U 线越陡；最后，承受较大的债务压力并且面临较小的市场竞争的厂商更倾向于创新。诸多文献中使用研发支出、专利活动和全要素生产率（Total Factor Productivity，TFP）测度创新强度。Aghion 等 2005 通过专利信息衡量企业的创新强度，参考专利危害率的模型，并用它得出专利引用加权数的广义泊松模型。模型方面，他们采用莱纳指数衡量产品市场竞争变化，使用半参数法检验创新强度与产品市场竞争的非单调关系，并用研发支出来检验最终结果的稳健性，最终通过实证证实了以上假设，产品市场竞争与创新之间确实存在倒 U 型关系。Schumpeteria（1942）在开创性的研究中提出，面临较小竞争的生产者最有可能创新，因为获得足够的创新回报需要某种形式的临时垄断权力。Rodrik（1988）、Miyagiwa 和 Ohno（1995）、Matsubara（2005）证明了这种"熊彼特"式竞争（Schumpeterian' Effect Whereby Competition），特别提出进口竞争减少了创新的准租金。Nickell（1993）、Thoenig 和 Verdier（2003）的研究发现，相比之下，激烈的竞争可以增加公司的创新动力，以便让自己在众多的同行中保持竞争力。在 Impullitti 和 Licandro（2017）

的模型中，贸易自由化加剧了国际市场竞争，这对企业创新产生了积极的影响。关键的机制在于企业创新是为了降低生产成本，因此创新的动力取决于企业规模（由生产数量反映），并且这种创新激励随着寡头垄断竞争的加剧而增加。Denicolò 和 Zanchettin（2010）表明，在强劲的进口竞争中，更有效率的公司的市场份额将会上升，创新激励更强，因为创新者往往是更有效率的企业。Bastos 和 Straume（2012）表明，进口竞争会刺激企业增加对产品创新的投资，使其产品与其竞争对手生产的产品产生横向差异化。总的来说，虽然竞争与创新之间的关系在理论模型或 Aghion 等（2005）的实证研究中并不明确，但许多研究表明进口竞争加剧能够促进企业创新。

Aghion 等（2005）得出以下结论：技术先进的新的市场进入者会刺激领先于世界技术前沿水平的企业进行创新，成功的创新使在位企业（Incumbent）能够在竞争中继续存活。而对于落后于世界前沿技术水平的企业，具有技术优势的新的市场进入者则会因为减少了在位企业的预期创新租金而阻碍市场创新。从创新的角度，即为以下两个效应：一是逃避进入效应，指技术先进的市场进入者会促使领先于世界技术前沿水平的企业部门加大创新力度；二是阻碍效应（Discouragement Effect），指技术先进的市场进入者会阻碍落后于世界前沿技术水平企业部门的现有创新。

第二节 质量创新与经济效益

在过去十年中，产品质量和创新性的概念相继被提出，学者和管理者已经开始意识到，质量、创新和新产品效益之间的关系越来越复杂。创新型战略要求通过调查、冒险和实验探索新的可能性，而高质量战略需要通过效率、标准化和控制来开发现有的确定性因素。在 Castillo 和 Aleman（2009）的研究中，证明了质量（客观和主观）和创新（企业和客户）对新产品效益的交互影响与这些变量各自的独立影响不同。

另外，他们通过关注这些变量对短期新产品效益的主要影响，为企业新产品研发提供了建议。

近年来，随着全球创新投资和质量投资加速增长，大量学者研究调查了产品质量和创新对新产品效益的影响。然而很多研究结果表明，产品质量投资没有达到预期目标（Rust，Moorman and Dickson，2002）。更重要的是，Gourville（2006）的调查结果显示，产品创新失败率高达40%~90%，有几个可能的原因。一是在研究新产品效益时，大多数产品创新和产品质量的多维方法并没有得到应用。例如，Gourville（2006）认为，高管们高估了他们的创新价值，而客户高估了现有的创新替代方案。同样，Morgan 和 Vorhies（2001）分析了大多数企业认为自己拥有的产品质量与客户所认为的质量之间存在差距。二是产品创新对新产品绩效的影响取决于新产品的质量，反之亦然（Cho and Pucik，2005）。但令人惊讶的是，产品创新与其他产品相关变量（如产品质量）、新产品绩效的联合影响并不明了，质量和创新之间存在复杂的相互作用（Henard and Szymanski，2001）。例如，旨在开发具有创新性和高质量的新产品的公司往往因为进行创新所需的资源和策略与生产高质量产品所需的资源和策略不同而受到阻碍（Lucas and Menon，2004）。三是新产品绩效的决定因素在短期与长期内有着不同的影响（Henard and Szymanski，2001）。具体来说，管理者需要深入分析质量和创新对短期新产品绩效的影响（Warlop et al.，2005）。

Zeithaml（1988）的产品质量分类框架将产品质量分为外在线索（Extrinsic Cues，即外部质量）或内在线索（Intrinsic Cues，即内部质量）。虽然外在线索与产品相关，但它们不是产品本身的一部分。外部线索基于品牌、价格和原产国来定义产品质量（Warlop et al.，2005）。内部线索在不改变产品性质的情况下不会变化，被进一步区分为客观和主观性质。客观产品质量表现为产品是否有预期的性能，是否具有顾客不期望的综合特质，或有较低的不合格率。对于主观产品，根据客户对产品形象或产品设计等认知线索来评估质量（Creusen and Schoormans，

2005）。个体主观产品质量已经被证明对新产品的绩效有积极的影响。例如，Lemmink 和 Kasper（1994）发现，具有良好形象的产品可以提高客户满意度。而 Swan 等（2005）认为，其他主观产品质量组件，例如有吸引力的设计，能够有效地提高新产品的盈利能力。Rogers（1983）表明，产品创新主要包括三个主要产品特性（产品优势、兼容性和复杂性）上的创新。Ali 等（2010）发现，基于独特或新颖属性的产品优势可能对产品绩效产生负面影响。Moreau 等（2001）表明，低产品兼容性对新产品绩效有负面影响。Veryzer 和 Mozota（2005）则表明，产品复杂度对客户满意度和市场表现产生了负面影响。

Castillo 和 Aleman（2009）使用横截面调查方法，对西班牙 1120 家创新率较高的公司进行了调查。他们参考了 Brucks 等（2000）、Curkovic 等（2000）和 Garvin（1987）的研究，以双重视角（客观和主观）衡量内部产品质量。客观质量通过性能、特点和可靠性进行评估，而主观质量则以图像和设计为基础进行了衡量。为了衡量企业产品创新的各个方面，他们采用了 Danneels 和 Kleinschmidt（2010）提出的方法，测量了技术资源适应性（Technological Resource Fit）、营销资源适应性（Marketing Resource Fit）、技术新颖性（Technological Newness）和市场新颖性（Market Newness）。为了测量新产品的性能，他们参考了最近的研究（Atuahene-Gima et al., 2006; Huang et al., 2004），确定了使用七个项目测量新产品绩效的三个维度——市场相关性能（市场份额、销量、市场渗透率）、客户绩效（客户满意度、客户忠诚度）和盈利能力相关业绩（净利润、净利润率），重点关注短期新产品的表现，在生命周期的前两个阶段（引进和成长阶段）评估新产品的性能。

Castillo 和 Aleman（2009）的研究结果显示，客观和主观的产品质量对短期新产品绩效影响显著。主观产品质量对短期新产品绩效的直接影响小于客观产品质量。企业的产品创新对短期内的新产品绩效有负面影响。然而，这并不意味着企业应该放弃对这些产品的开发。他们的研究结果证明，企业的产品创新能够加强客观产品质量对新产品绩效的积极影响。企业的产品创新能力强化了主观产品质量对短期新产品绩效的影响。Lee 和 O'Connor（2003）的推论解释了这一发现，他们认为客户面对创新产品会感到积极（惊喜和乐观）和消极（不适和不安全感）。客户对产品创新的负面看法与客观产品质量相关。显然，开发具有高客观产品质量的创新型产品具有一定难度，因为客户难以整合产品中原有的功能和新颖的功能（Swan et al.，2005）。客户不仅寻找符合他们需求的产品，而且还对带来新"体验"的产品感兴趣（Veryzer and Mozota，2005）。显然，企业必须认真考虑产品客观和主观品质的后果。

然而，证明质量的重要性是一个高难度的命题（Garvin，1987）。仅仅考虑质量和创新对绩效的主要影响是不够的，忽视产品质量改进及其与产品创新性的关系可能难以改变产品的最终绩效（Morgan and Vorhies，2001）。为了更好地了解质量和创新性相关的影响，企业管理者在新产品开发过程中分配资源时，必须重点考虑它们之间的复杂交互关系。为了在短期内提高新产品的绩效，应该重点开发具有高水平客观质量的新产品。当产品的消费者和使用者都是新客户时，其主观质量有助于提高绩效，而其客观质量对其性能影响较小。这些发现与 Alexander，Lynch 和 Wang（2008）提出的结论相一致。他们表明，企业在产品上做小范围的改变而不是大力度的创新，是因为消费者会对新技术抱有不确定性和怀疑的态度，并且需要在使用方法上做出很大的改变以适应新产品，因此他们不太可能尝试全新的产品。然而，更高水平的主观质量可以抵消产品创新可能造成的负面影响。比如 iPod Mp3 播放器引领了早期的 MP3 市场，并引入了高度创新的产品，为客户提供了全新的体验，在国际市场上鹤立鸡群。虽然不熟悉的功能给潜在客户带来了不确定性，但是有吸引力的设计和主观质量对产品的市场效益产生了积极影响。

第六章　质量与收入分配

中国作为中等偏上收入水平国家，几十年来，收入分配结构发生了重大变化，消费者对产品质量需求出现了新升级，产品质量供给已无法满足广大人民群众的质量需求。当前，我国产品供给由数量的增长向质量增长转变，要根据收入分配结构的变化，从供给侧推进产品质量结构调整，减少无效和低质量产品的供给，扩大有效和中高端质量产品的供给，增强供给结构对需求变化的适应性和灵活性，使产品质量供给体系更好地适应不同收入水平消费者对产品质量需求的变化。

国际贸易中产品质量与收入分配之间的关系是双向的，一方面收入分配通过影响供给和需求两个方面与国际贸易中进出口产品质量建立联系，国家之间收入分配差异决定了不同国家、不同企业和不同消费者需求偏好的异质性，从而影响他们对生产和贸易产品的质量选择；另一方面，产品质量升级对收入分配的作用是不确定的，质量升级可能会扩大或缩小一国工资差距。本章以产品质量与收入分配问题的基本理论研究和历史演进为出发点，从供给和需求以及其他视角三个方面梳理了当前学者关于产品质量与收入分配问题的研究，并指出了国际贸易中产品质量与收入分配问题的未来研究动向。

除了价格、技术和国家政策差异等因素外，国际贸易中影响产品质量的一个至关重要的因素就是收入分配。传统的产业间贸易理论着重于从供给方面研究贸易的决定因素，新的产业内贸易理论引进了基于消费者偏好的需求决定因素，解释了收入分配差异是国际贸易产生的重要原因。随着国际贸易理论由供给向需求以及产品同质性向产品差异化研究的不断拓展，收入分配与产品质量问题日益成为重要的研究议题。

第一节 质量与收入分配的理论

一 理论基础

国际贸易中收入分配与产品质量问题的研究最早源于收入分配与国际贸易的关系研究，建立在国际贸易基础上的基于供给决定的比较优势理论、要素禀赋理论以及基于需求决定的重叠需求理论逐渐成为研究收入分配与产品质量问题的两大理论基础。

（一） 比较优势理论和要素禀赋理论

关于收入与产品质量问题的研究源于国际贸易中的两个经典理论：比较优势理论和要素禀赋理论。前者预测富国在生产更高质量的产品上具有比较优势，所以富国将生产更高质量的产品；后者预测富国是资本要素比较丰裕的，如果高质量的产品是资本密集型的产品，那么富国在生产高质量的产品上具有比较优势。Markusen（1986）、Bergstrand（1990）先后在文章中写道，人均收入较高的国家出口的产品质量较高，因为这些产品是资本密集型的。Flam 和 Helpman（1987）、Murphy 和 Shleifer（1997）以及 Matsuyama（2000）则认为富裕国家生产的产品质量较高是因为其在生产高质量的产品上具有相对技术优势。

（二） 重叠需求理论

Linder（1961）首次以需求为导向来解释国际贸易产生的原因，从而为国际贸易中有关收入分配与产品质量问题的深入研究提供了可能。他认为影响一国需求结构的主要因素是收入水平，一国的人均收入水平决定了该国特定的偏好模式，人均收入类似的国家贸易更频繁（Gehrels，1962）。Francois 和 Kaplan（1996）证实了 Linder 假说，认为

Linder 重叠需求的假说不仅说明了国家间人均收入不同对产业内贸易的影响，而且还说明了贸易模式依赖于国家内的收入分配。Hallak（2006）进一步验证了 Linder 的需求相似理论，认为进出口国之间平均收入的相互作用，导致他们对不同产品质量具有不同的供给和需求，从而证明了相似收入的国家之间贸易量较大这一贸易模式。

二　重要假设

非位似偏好和垂直产品差异化是当前学者研究国际贸易中收入分配与产品质量问题的最主要的且最基本的假设条件。

（一）非位似偏好

传统贸易理论位似偏好的假设导致其只能从供给角度研究收入分配与国际贸易问题，新贸易理论非位似偏好的假设则为从需求方面解释国际贸易提供了基础，从而为进一步研究收入分配与产品质量问题提供了可能。自 Flam 和 Helpman（1987）将收入分配引入国际贸易理论模型以来，国内外学者在研究收入分配、产品质量和国际贸易问题时都假设消费者的偏好是非位似的。其主要原因在于在非位似偏好的假设下，人均收入和收入分配都对总需求结构有决定作用，这是研究收入分配与产品质量的核心。同时，非位似偏好的假设在现实生活中更容易实现，并且在大多数实证研究中获得了验证。Hunter 和 Markusen（1988）在位似偏好的假设前提下，利用 34 个国家 11 种产品和服务检验其是否成立，最终在 7 个支出大类中拒绝了零假设，表明偏好是非位似的。

（二）垂直产品差异化

垂直产品差异化是指生产出比竞争对手更好的产品；水平产品差异化是生产出与竞争对手具有不同特性的产品。刘伟丽（2011）认为建立在 Linder 需求体系中的模型，有一个很重要的优势是可以观察不同收入是如何影响对产品质量的选择，即具有垂直差异的产品质量可以观测到。而水平差异化的产品质量很难观测到，对收入的分析就无法解决产品质量的选择问题，甚至会出现理论预测与结论相反的现象。国际贸易流量揭示了垂直专业化的系统模式，无论是 Flam 和 Helpman 的南北贸易模型还是 Fajgelbaum、Grossman 和 Helpman（2011）的水平和垂直差异化产品贸易模型，其最终都是在垂直产品差异化的理论框架下来研究国际贸易模式的。

三 质量、贸易和收入分配模型

国际贸易中收入分配与产品质量问题的研究离不开贸易，当前学术界关于收入分配与产品质量问题的研究方法基本是在收入分配、国际贸易和产品质量问题研究的基础上发展而来。

（一）水平和垂直差异化产品贸易模型

Fajgelbaum 等人（2011）构建了一个研究水平和垂直差异化产品贸易的模型。假设收入分配和国家规模不同，其他条件完全相同，每个消费者消费同质产品和差异化产品，偏好在人群中的分布呈 Logit 模型结构。在非位似偏好和垂直产品差异化的条件下，贸易由需求因素驱动，将收入分配指标引入需求体系中，讨论收入分配、产品质量和国际贸易之间的关系。在该模型中，需求的非位似性在一个国家收入分配的形成和垂直差异化产品的贸易模式和强度之间建立了联系，成为研究收入分配与产品质量关联性的核心要素。

（二）南北贸易模型

Flam 和 Helpman（1987）构建南北贸易模型，将收入分配引入国际贸易理论模型，讨论了收入再分配对贸易的影响。其中有几个比较重要的假设：（1）消费者的偏好是非位似的，且产品是垂直差异化的；（2）消费者可能只消费同质产品，也有可能同时消费同质和差异产品；（3）南方企业生产同质产品和低质量的差异化产品，而北方企业生产高质量的差异化产品；（4）高收入的个体将消费更多的同质产品和更高质量的差异化产品。贸易均衡模式下，北方企业出口高质量的差异化产品，进口低质量的差异化产品和同质产品，南方企业则相反。Fasil和 Borota（2013）认为贸易更容易在收入差距相似的国家之间进行，利用南北贸易模型解释了发达国家之间的贸易强度高于南北方国家之间贸易强度的内在原因是富国更偏爱富国生产的高质量产品。南北贸易模型的实证结论表明南北方国家之间的收入差距是决定其贸易的重要因素，北方国家生产和出口高质量产品，并将低质量产品的生产转移到南方国家。

第二节 研究的历史演进

随着传统贸易理论向新贸易理论的不断拓展和国际贸易研究视角的不断深入，国内外学者对收入分配与产品质量问题的研究也经历了从国际贸易到产品种类、产品质量的层层演进，并实现了供给向需求的过渡。

一 质量需求与收入分配

根据凯恩斯的消费倾向递减规律，收入分配差距通过边际消费倾向来影响社会的消费需求，从而影响一国的进口需求。Adam 等（2008）、赵锦春和谢建国（2013）分别从国家间和一国内部角度分析了收入分配不平等对进口需求的影响。前者认为高收入国家的收入分配不平等加剧会扩大该国的进口需求，低收入国家的收入分配不平等加剧会减少该国的进口需求。后者利用中国省际进口数据进行了实证分析，并得到了类似的结果。发现收入分配不平等对进口需求的影响因地区经济发展水平的不同而存在差异，即存在显著的非线性门限效应。经济欠发达地区的收入分配不平等对进口需求不存在显著影响；中等发达地区的收入分配不平等抑制了进口需求；而经济发达地区收入分配不平等的加剧会促进进口需求增加。

二 二元边际与收入分配

收入分配除了从宏观层面影响国际贸易进口需求，还会从微观层面影响国际贸易中进出口产品的种类。企业异质性贸易理论将一国的贸易增长分为沿扩展边际增长和沿集约边际增长（Melitz，2003）。刘伟丽（2011）在文章中对产品种类进行测度时给出了扩展边际和集约边际的定义。扩展边际是指，在垄断竞争模型中，如果一个经济体是另一个经济体的两倍，那么生产和出口的产品范围都将扩大两倍；集约边际是指，如果一个经济体是另一个经济体的两倍，那么出口也会是其两倍，但是出口产品的种类不会增多。

Kugler 和 Zweimueller（2005）、Bernasconi（2009）分析了收入分配对国际贸易扩展边际的影响。前者认为收入分配不平等程度的降低，会导致较不发达国家中低收入人群收入的增加，模仿商品的需求增加后，生产的商品种类增加，最终增加了出口。后者同时考虑了收入分配和人均收入这两个需求决定因素，采用 1995~2004 年 151 个国家的 5017 种六位 HS 编码产品贸易数据进行实证分析，发现收入分配越不平等的国家出口产品的种类更多，人均收入和收入分配与产品水平上的扩展边际有很强的正相关性。

文洋（2012）则利用 Heckman 的两阶段模型同时研究了收入分配差距对出口二元边际的作用。收入分配差距的扩大对出口的扩展边际有正向的影响，对出口的集约边际有负向的影响。一般而言，相关因素对二者的影响方向都是相同的，而收入分配差距是一个例外。

三 质量边际与收入分配

随着收入分配对国际贸易的影响由贸易层面拓展到产品层面，国内外学者在研究收入分配对国际进出口产品种类的基础上，也开始逐渐将视野拓展到产品质量上。除了扩展边际和集约边际之外，刘伟丽（2011）提到质量边际，即较富裕国家生产和出口较高质量的产品。Hummels 和 Klenow（2005）指出，较大经济体可以出口更多种类的产品到更多的国家，或者可以用较高的价格出口更高质量的产品。Bohman 和 Nilsson（2006）则发现收入分配越不公平的国家会出口更多的必需品，而出口更少的奢侈品，收入不平等对改变出口结构使其向出口高收入弹性产品转移有负面影响。

第三节　研究动态

一　基于供给决定的研究

虽然传统贸易理论由于位似偏好的假设对收入分配与产品质量问题的研究产生很大的局限性，但在李嘉图模型和要素禀赋模型以及贸易理论不断拓展的基础上，部分学者尝试对收入分配与产品质量问题的贸易模式寻求供给方面的进一步解释。Baldwin 和 Harrigan（2007）把垂直差异化产品和异质企业结合放入模型，发现更有效率的公司出口高价产品（高质量）是依据相对更大的激励，因为这些公司必须承担提高质量的投资。Wuergler（2010）认为收入分配是决定产品质量水平、生产品种和消费的关键因素，平等社会的产品种类明显高于不平等社会的产品种类，而质量水平取决于不平等和技术之间的相互作用。

二　基于需求决定的研究

鉴于供给决定的收入分配与产品质量问题研究的局限性，和供给理论向需求理论以及产品同质性向产品差异化研究的不断拓展，国内外学者基于非位似偏好和垂直产品差异化的假设，开始从需求方面对收入分配与产品质量问题方向上寻求一种深层次的解释。

（一）收入与产品质量研究

基于 Linder 的需求体系模型，收入逐渐成为影响国际贸易中产品质量的重要因素。由可观察到的垂直专业化模式可以看出，当富国与穷国出口同一类别的产品时，相对富裕的国家出口的产品具有较高的单位价值（Hummels and Klenow，2005）。Fajgelbaum 等（2011）认为这体现了人均收入和出口产品质量之间的正相关关系，并指出随着收入水平的上升，消费者中购买更高质量产品的比例也在上升。此外，Hallak（2006）认为当一个国家从多个来源国进口同一类别的商品时，高质量的商品都是不成比例的进口于高收入国家。由于富裕家庭通常消耗更高质量的商品（Bils and Klenow，2001），垂直专业化模式对世界贸易的分配结果具有重要影响。

（二）收入分配、异质性需求与产品质量选择

国家之间收入分配差异决定了不同国家、企业和消费者需求偏好的异质性，从而影响他们对生产和贸易产品的质量选择。

从国家这一宏观层面出发，Choi 等（2008）总结异质家庭之间的关系，认为一个国家的收入分配是产生进口需求的重要途径。他们将国家之间收入分配的差异映射到进口价格分布的差异上，并实证得出拥有类似收入分配结构的国家，其进口价格分布也类似。Markusen（2013）则分析了收入分配对进口贸易结构的影响，认为收入在一国内的再分配，影响到了总需求，对于两个有相同平均收入的国家而言，收入分配更加不平等的国家对奢侈品有更高的需求。Latzer 和 Mayneris（2011）基于需求的垂直比较优势决定因素，实证分析发现收入分配不平等程度的增加对高收入国家出口的增加有质量和数量的双重影响，但对于低收入国家来说，收入分配不平等只有对出口供给量的单一影响，没有对出口质量的影响。

而从企业这一微观层面出发，Chatterjee 和 Raychaudhuri（2004）分析了收入分配的变化对公司生产搜寻品所做的质量选择的影响。假设消费者愿意支付的质量是收入的增函数且收入分配是正向倾斜的，在双头垄断市场，如果再分配使得消费者不平等状况好转，任何收入的再分配都将促使公司提高他们的质量水平。鲍晓华和金毓（2013）则引入异质性消费者假设的质量异质性企业模型，从需求角度论证了一国及其贸易伙伴国国内的收入差距对企业质量选择与行业生产率的影响，认为一

国的收入差距影响企业产品质量选择，促使产品质量升级，而贸易伙伴国对产品质量的需求不仅是该国实施产品质量升级的动力，还要受贸易伙伴国收入差距的约束。

Helble 和 Okubo（2008）则基于异质性消费者的角度，发现国际贸易通过影响消费者的偏好，从而影响产品质量，认为消费者对高质量产品有较强的偏好，愿意为这些产品支付更高的价格。Murphy 和 Shleifer（1997）指出，发展中国家由于缺少满足高收入消费者需求的高质量产品，进入发达国家市场的机会是有限的。

（三）收入分配、贸易自由化与产品质量选择

异质性需求决定了不同国家对不同质量产品的选择，而国际贸易由需求因素驱动的一个重要前提就是贸易自由化的程度。

Krugman（1980）认为，当运输是昂贵的，国家将倾向于出口那些规模收益递增且在国内有巨大市场需求的产品。Fajgelbaum 等（2011）则在此基础上，对贸易成本做出了不同的假设，当贸易成本足够高时，每一个国家同时生产高质量和低质量产品，并且富裕国家将成为高质量产品的净出口国；当贸易成本足够低时，富国将专业化生产和出口高质量产品，穷国将专业化生产和出口低质量产品。Flam 和 Helpman（1987）从国家这一宏观层面建立了南北贸易的替代模型，认为收入和分配是决定国际贸易结构的重要因素。在贸易自由化过程中，北方国家开始生产新的高质量的产品时，会将旧的低质量的产品转移到发展中国家进行生产。此外，Acharyya 和 Jones（2001）也认为一个小型经济体在对外开放条件下出口产品质量的选择与国内收入分配存在因果关系，任何有利于非熟练工人的收入再分配政策都会通过降低资本回报率来提高出口质量。

三　基于其他视角的研究

鉴于收入分配与国际贸易的双向作用，收入分配与产品质量的关系

在学术界也一直存在一定的分歧。一方面，收入分配会影响一国企业和消费者对产品的质量选择，另一方面贸易产品的质量升级又会扩大或缩小一国收入分配差距。与以往从收入分配对产品质量影响的角度来研究收入分配与产品质量问题不同，不少学者从相反的角度探讨了贸易产品质量对收入分配的不确定作用。

Bernard 和 Jensen（1994）很早就认为二者的关系是不确定的，并从产业水平探讨了工资差距与技术升级之间的关系，利用美国制造业数据实证发现产业内技术升级是由工厂技术的提升决定的，技术提升会影响总工资差距，但并不是总工资差距增加的决定因素。

Verhoogen（2008），徐美娜和彭羽（2014）认为在一定的条件下，质量升级会扩大一国的工资差距。前者提出质量升级机制将发展中国家的贸易和工资不平等联系起来，指出出口的增加将促进产品质量升级，出口企业比非出口企业更有可能获得 ISO 质量认证，生产的产品质量更高，但通过实证发现由汇率冲击引起的微小质量升级却倾向于增加产业内工资不平等；后者提出了出口产品质量升级对一国工资差距扩大的一种可能的作用机制，认为高质量产品需要高技能工人，从而质量升级将提高高技能工人的收益。

Hanson 和 Harrison（1999）则认为贸易产品的质量变化将缩小国家间的工资差距，因为随着欠发达国家对外开放的深化，他们开始出口类似于发达国家的高质量产品，如果高质量产品出口的增长确实需要更多高技术工人的话，出口产品结构的变化将缩小欠发达地区与发达国家之间高技术工人的工资差距。

第四节　研究动向

收入分配与产品质量之间的关系是双向的，一方面收入分配主要通过影响供给和需求两个方面与国际贸易中进出口产品质量建立联系，而建立在新贸易理论基础之上的 Linder 需求体系模型表明，国家之间收入分配差异决定了不同国家、企业和消费者需求偏好的异质性，从而影响他们对生产和贸易产品的质量选择。另一方面，产品质量升级对收入分配的作用是不确定的，质量升级可能会扩大或缩小一个国家的工资差距。

当前国内外学者对于收入分配与产品质量问题的研究还有很多亟待解决的问题，在概念界定、指标衡量和假设前提等方面都需要不断完善。

一　收入分配的概念难以界定

从收入分配的内涵来看，收入分配包括收入分配秩序、收入分配差距以及收入分配结构三个方面。从收入分配的评价来看，通常会涉及公平性与合理性的价值判断。而从收入分配的层级结构及类型来看，收入分可以划分为国民收入分配与个人收入分配、功能性收入分配与规模性收入分配以及初次分配与再分配。此外，收入分配的相关概念还包括人均收入水平、收入不平等以及收入分布等。从不同的角度来研究收入分配问题就需要对收入分配进行不同的界定，但从当前国内外学者的研究来看，由于该问题的复杂性，收入分配的界定问题一直是各类研究的难点问题。

二　产品质量的衡量有待精确

当前国内外学者从多视角、利用多种方法对产品质量进行了衡量。从研究视角的角度来看，包括供需角度的产品质量、生产环节和销售环节的产品质量、中间产品和最终产品的产品质量等；从衡量方法的角度来看，包括单位价值法、市场份额法、贸易均衡法、人均收入法、国际质量指标法等。

实证研究中应用最广泛且较为成熟的方法是单位价值法。Aiginger（1997）较早以出口产品的单位价值来衡量产品质量。他认为，随着一国出口产品质量的提升，该国出口产品的单位价值也会随之上升。

Schott（2004）、Hummels 和 Klenow（2005）等都使用这种方法来衡量产品质量。单位价值法在实际应用过程中简单易行，但它有一个重要的假设就是产品单位价值由产品质量决定，单位价值越高意味着产品质量越高。而在现实生活中，产品的单位价值不仅受到质量因素的影响，还受到产品生产成本等非质量因素的影响。因此，产品单位价值法受到很多学者的争议。

鉴于单位价值法的缺陷，有些学者从其他角度对产品质量进行了测度。Feenstra（1994）在单位价值法的基础上进行了改进，提出用产品的价格和数量占 GDP 的比重的相对单位价值方法来计算产品的质量。Khandelwal（2010）则采用了市场份额法，他同时利用单位价值和数量信息来推断质量，认为在一定的价格条件下，较高的进口市场份额意味着更高的质量。在存在多个出口目标国家的时候，上述方法也存在一定的局限性。而 Hallak 和 Schott（2011）则依靠贸易平衡来确定质量，他们将一个国家的出口价格分解为质量和质量调整价格，认为在一定的价格条件下，贸易顺差的国家提供的产品质量要高于贸易逆差的国家。Feenstra 等（2014）在 Khandelwal（2010）、Hallak 和 Schott（2011）从需求方面来识别产品质量的基础上，建立了企业内生质量选择模型，同时从需求和供给两个方面，建立了质量与距离的关系，以出口的离岸价格（FOB）和到岸价格（CIF）为基础来识别产品质量。目前为止，对于产品质量的衡量，学术界并没有一个统一的且对所有条件都行之有效的方法。因此，产品质量的精确衡量仍然是未来值得探索和研究的问题。

三 质量与收入分配的实证研究有待完善

随着研究的不断深入，国内外学者对于收入分配与产品质量问题的理论研究日渐丰富与成熟，但受限于收入分配界定的困难性、产品质量衡量的准确性以及数据的可获得性等原因，对于二者关系的研究大多仅仅停留在理论研究的层面上，实证研究仍然比较缺乏。比如 Fajgelbaum 等（2011）通过对贸易成本做出不同的假设，对国际贸易中富国和穷国专业化生产和出口产品的质量问题进行了深入透彻的分析，但并没有对其问题和结论进行实证方面的检验。因此，收入分配与产品质量问题的实证研究将是今后研究的一大重点与难点，需要不断完善与充实。

此外，当前国内外学者对收入分配与产品质量问题的研究更多的是着眼于国家间收入分配与产品质量的关系，而较少涉及国家内部收入分配与产品质量的关系。多数学者从异质性需求角度研究收入分配与产品质量问题，而从异质性企业、中间产品质量和质量升级角度进行直接研究的较少。同时，对于富国与穷国的划分、收入分配和产品质量的持续衡量，都将是今后我们继续研究的方向。

第七章　质量与竞争

除了价格竞争因素之外，国际产品竞争的一个至关重要的方面就是产品质量的竞争。质量升级与国际贸易竞争相辅相成。一方面，日益加剧的国际市场竞争冲击了进口国的产品市场，促进进口国产品的质量升级。Acharya 和 Keller（2009）认为低收入的发展中国家的进口企业往往生产率较低，大量进口会冲击进口国国内市场，制约其技术复杂度的提升。对于发达国家而言，来自发展中国家低成本的产品充斥本国市场，会对本国企业造成严重冲击，导致"促竞争效应"。外国直接投资与从发达国家的进口会带来技术溢出效应，在一定程度上促进国内生产率提高和技术升级。另一方面，质量升级能够有效提升发达国家的产品核心竞争力，帮助发达国家在与低收入的发展中国家的贸易竞争中取得优势地位，也是发达国家扩大产品利用空间的主要渠道（Gervais，2009）。

第一节　逃避竞争效应与独占效应

大量学者研究异质性企业与异质性产品的质量差异以及产品质量的决定因素，而忽略了产品质量升级的过程。因此，Amiti 和 Khandelwal（2013）提出了贸易竞争影响产品质量升级的观点并进行了进一步论证。由于单位价值不能反映单位劳动生产率差异，所以 Amiti 和 Khandelwal 借鉴了 Khandelwal（2010）提出的方法，使用价格和数量信息来估计质量，认为在价格固定的条件下，拥有较高市场份额的产品质量更高。这种方法的优点在于考虑了质量调整后的制造商成本的差异，如工资，这些成本差异能够解释价格变动。他们将这些质量指标与一国国内市场详细的进口关税数据相匹配，使用关税作为一国的国际贸易竞争指标，通过前沿距离模型（Distance-to-the-Frontier Models）分析了 1990～2005 年 56 个出口至美国的国家五年期间产品质量变化与五年滞后关税水平之间的关系。Amiti 和 Khandelwal 选择产品固定效应（Product-Year Fixed Effects）以反映产品特定的生产率冲击或消费者需求的变化，并选择国家固定效应（Country-Year Fixed Effects）以反映不同国家技术工人相对禀赋的变化或国家技术结构的变化，并且为了评估理论假设之间的非单调关系，假设关税和质量升级之间的关系取决于产品与世界技术前沿的接近程度。Amiti 和 Khandelwal 的研究结果与 Aghion 和 Howitt（2005）和 Aghion 等（2009）的理论一致，认为国际贸易竞争对产品质量升级的影响表现为如下两个效应：（1）逃避竞争效应——贸易竞争促使接近世界前沿水平的企业增加质量升级投资，以便在国际竞争中存活；（2）独占效应——竞争加剧使得远落后于世界前沿水平的企业无法与潜在的市场新进入者（New Entrants）抗衡，难以实现质量升级。此外，较小的关税浮动在竞争受限的商业环境中影响甚微，因此关税和质量升级之间的非单调关系（The Nonmonotonic Relationship）在良好的国内竞争环境中，例如 OECD 和非 OECD 中商业竞争较自由的国家更为显著。因此，逃避竞争效应和独占效应在质量制度限制较少的环境中成立。Curzi 等（2013）借鉴了 Amiti 和 Khandelwal（2013）的"逃避竞争效应"与"独占效应"研究理论，在价格一定的条件下使用产品市场份额衡量产品质量，证实了国际竞争与质量升级之间的非单调关系，认为接近世界前沿水平的产品更可能随着国际竞争的加剧实现质量升级。

第二节　质量与国际贸易限制

一　进口配额限制对质量的影响

Boorstein 和 Feenstra（1987）通过分析 1969～1974 年美国的钢铁进

口总量以及单位价格变化来反映进口数量配额与进口价值配额对进口商品质量的影响。他们通过纯粹的价格指数、衡量产品组合变化的质量指标以及衡量供货来源变化的供应商指数来反映单位价值的年度变化，并且创造性地提出福利成本（Welfare Cost）的测度。福利成本等于裴氏价格指数（Paasche Price Index）的倒数减去确切的价格指数的倒数，只要生产者尽量减少成本，这个福利成本就是非负的。现有的理论文献，如 Falvey（1979）、Das 和 Donnenfeld（1989）、Krishna（1985，1987）都表明实行数量限制而非从价关税（AVD），可能会促使各国提高其配额范围内的进口产品质量。Feenstra（1984），Aw 和 Roberts（1996）的研究成果也证明了这一点。Corden（1974）在研究中假设国内产品和进口产品的单位质量为内生变量，不受贸易限制性政策导致的价格差异的影响，在此基础上关税通过提高国内产品价格，使得劣质的国内产品与优质的进口产品相竞争。Bergsten（1972）进一步表明，关税和配额限制使国内企业能够以较差的产品质量参与市场竞争。Falvey（1979）考虑到了贸易限制对产品线的影响以及价格与成本的密切关系，认为仅部分关税和配额能够优化进口的质量成分（Quality Composition），而其他例如从价关税则无法发挥同等作用。关税、配额或许可证等，提高了国内市场的整体价格水平，因此高质量产品相对价格下降。而相对需求与相对价格相反，则对较高质量产品的相对需求上升，进口质量得以提升。相比之下，从价关税并没有改变相对价格，因此对进口产品质量成分没有影响。Kala（1985）则提出配额不影响同类消费者的质量选择，却淘汰了从市场上购买低质量产品的消费者，并将所有不同质量的产品提高到相同的价格水平，使得国内市场产品的平均质量上升；关税一方面使得单个消费者降低其选择的产品质量，从而降低了平均质量，另一方面，它淘汰了青睐低质量产品的消费者，这往往会提高平均质量。因此，关税变动对平均质量的影响是不明确的。

二 运输成本对质量的影响

关税被认为是反映国际市场竞争程度的代表性指标，也被广泛用作进口渗透率的替代指标。然而，在全球化的浪潮中，大多数国家进行了深度的贸易自由化改革，关税已然不再是主要的贸易保护措施，无法有效反映进口竞争的激烈程度。Fernandes 和 Paunov（2013）认为运输成本是国际贸易的主要障碍，并使用运输规模和运输产品种类来反映一国的产品贸易结构。Moreira 和 Blyde（2006）在他们的研究中提出运输成本能反映智利国内产业的市场竞争情况。因此，一国的运输成本能够反映其贸易开放程度以及市场竞争程度，继而通过运输成本的变化影响一国企业产品质量。Bustos（2011）的研究结果表明运输成本的下降对市场竞争程度的负向影响导致了阿根廷企业研发支出的增加，而 Verhoogen（2008）同样表明，运输成本下降导致了墨西哥企业的质量升级。

运输成本的降低不仅影响企业最终产品的进出口，还影响中间投入产品进入企业的过程。中间投入品的运输成本下降降低了中间采购的成本并且在一定条件下促进产品质量升级，如外部投入品质量较高，则最终产出品质量较高；外部投入品运输成本下降则降低边际生产成本，企业可以增加用于质量升级的固定成本的投入。随着贸易开放度的提高，企业可以获得更多品种和更高质量的外来进口投入品，这可以刺激新兴经济体的本土创新（Grossman and Helpman，1991；Rivera-Batiz and Romer，1991）。

三　贸易政策与标准制定对质量的影响

Cabrales 等（2015）的研究发现一国针对研发投入的激励政策能够显著提高该国的企业产品质量水平，且质量水平不同的国家开展贸易后会达到两种可能的均衡状态：第一种是保持原始状态，高质量水平国家依旧处于领先地位；第二种是发生逆转，在两个国家质量水平差距不大的情况下，低质量水平国家可以通过加大研发投入的激励政策显著提升质量水平，缩小与高质量水平国家的差距甚至实现超越。

现有大量文献研究重视模型框架下的食品标准的贸易效应，通常强调国际贸易标准作为贸易壁垒的重要作用（Olper and Raimondi，2008；Li and Beghin，2012）。相反，很少有文献注意直接量化标准的扩散与进口质量升级的关系。Curzi 等（2013）使用 1995～2007 年 70 多个国家的数千种食品的高度分类进口数据，借鉴了 Berry（1994）的嵌套 Logit 需求系统，证实了进口竞争与质量升级之间的非单调关系，并且提出对于制定了特定 FDI 政策的国家，进口竞争对质量升级有更显著的促进作用，也就是外国直接投资流入可以通过技术溢出效应和进口学习效应提升东道国的质量升级速度。通过研究欧盟自愿标准对农产品进口的影响，Curzi 等发现更高的进口标准会促使出口至欧盟的国家为了达到严苛的进口标准努力提高产品质量以实现更高的市场份额。因此，吸引外国直接投资流入的政策是一项可行的战略，特别是对于希望攀登更高质量阶梯的发展中国家来说，吸引外国直接投资流入是其提高国际地位的重要渠道之一。向进口标准更加严格的高收入国家出口有利于促进本国的质量升级。

第三节　质量与国际贸易自由化

在贸易自由化的背景下，贸易成本的下降会影响进口中间品的质量。在供给层面，贸易自由化使得贸易成本降低，更多生产率更低的企业也开始出口中间产品，中间品质量也可能更低。在需求层面，进口中间品的关税下降，进口国厂商进口中间品的价格随之下降。因此以同等的价格，厂商可以进口更高质量的中间产品。这种情况下，贸易自由化可提高中间产品质量。

Fan 和 Li（2012）关注贸易自由化带来的关税削减对投入的中间产品及出口产品质量的影响，认为通过贸易自由化可以进口高质量中间产品，并最终提高产出的价格和质量。Fan 和 Li 开发了一个简单的分析框架，将企业的质量选择与其进口中间产品的获取相关联。该模型预测，进口关税的下调将导致进口中间产品质量提高。他们利用中国海关总署编制的 2001～2006 年中国在世贸组织期间的进口和出口公司八位 HS 编码的贸易数据对这一模型进行估算，发现质量异质性大的行业，经过进口投入最大的关税削减，获得更高质量的中间产品并提高了产出的价格和质量。

Bas 和 Strauss（2015）考察了贸易自由化对企业产品进口和出口产品价格变化的影响，认为在进口贸易自由化下，企业利用进口关税削减获得高质量中间投入以实现出口的质量升级，即贸易自由化可以提升企业进口的中间品质量，且中间品质量的提高可进一步提升企业出口产品质量，并利用中国海关总署编制的中国海关统计数据库中 2000～2006 年中国制造业企业的八位 HS 编码产品进出口交易数据进行了实证检验，验证了这一结论。

第八章 质量与汇率

第一节 汇率不完全传递的解释

许多潜在的重要因素导致汇率对价格的不完全传递，包括成本加成调节（Markup Adjustment）、当地成本（Local Costs）和价格调节障碍。Nakamura 和 Zerom（2010）通过实证分析了咖啡行业不完全传递的决定因素。在这个行业中，他们观察到的传递反映了汇总数据中体现的关键特征：价格对成本的变化反应是迟缓和不完全的。他们使用销售和价格的微观层面的数据，构建结构性寡头垄断模型，以揭示成本加成调整、当地成本和价格调整障碍对不完全传递的作用。他们构建了一个隐含的定价模型，解释了短期和长期传递的主要动态特征。当地成本相对于替代基准的恒定弹性而减少了长期传递（六个季度后）的 59%。加成调节减少了传递额外的 33%，其中成本加成调节的程度取决于估计的需求的"超弹性"。估计的菜单成本很小（占收入的 0.23%），并且长期传递效应可以忽略不计，但在解释价格成本的延迟反应方面可以成功定量。由此发现，咖啡行业的延迟传递几乎完全发生在批发而不是零售层面。

许多实证研究表明，汇率波动没有导致贸易品价格以同样的比例浮动；大部分价格反应都发生了很长的延迟（Engel，1999；Parsley and Wei，2001；Campa and Goldberg，2005）。

一些学者提出了解释不完全传递的潜在的重要因素。首先，在寡头垄断市场中，价格对成本变化的反应取决于需求和市场结构（Dornbusch，1987；Knetter，1989；Bergin and Feenstra，2001；Atkeson and Burstein，2008）。第二，当地成本可能在决定传递过程中起重要作用（Sanyal and Jones，1979；Burstein et al.，2000；Corsetti and Dedola，2005）。当地成本破坏价格和进口成本之间的关系，导致对汇率波动无反应。因此，如果当地成本很高，即使进口生产要素的价格大幅上涨也可能对边际成本没有影响。第三，价格刚性和其他动态因素有可能导致不完全传递（Giovannini，1988；Kasa，1992；Devereux and Engel，2002；Bacchetta and Wincoop，2001）。

Nakamura 和 Zerom（2010）研究了咖啡行业的汇率传递。零售和批发咖啡价格对进口产品成本的变化是迟缓和不完全的。价格对成本变化的反应与价格对汇率的反应密切相关。实际上，用于估计价格对汇率的反应的方程式是从价格与边际成本相关的方程式得出的。在标准汇率传递回归中，外部通货膨胀用于代替边际成本，价格在成本和汇率上分别回归。咖啡市场是研究成本如何传递给价格的理想实验室，因为这个行业的边际成本大部分是可观察的。此外，天气因素对咖啡产品成本影响很大。这使得价格反应比与汇率有关的价格走势更容易得到解释。至少从长远来看，汇率波动可能与直接影响价格的货币因素密切相关（Corsetti et al.，2005；Bouakez and Rebei，2008）。他们发现咖啡产品成本的零售和批发价格上涨1%，导致价格上涨约为后六个季度的三分之一（称之为长期传递）。超过一半的价格调整会延迟四分之一以上。通过批发价格，咖啡烘焙者向零售商收取价格（有时也会将这些批发价格视为制造商的价格）。

Nakamura 和 Zerom 使用简化形式的回归表明，这个行业的延迟传递几乎完全发生在批发层面。实证表明，在价格调节障碍导致这个行业延迟传递的过程中，批发价格刚性很重要。关于价格动态的研究集中在零售层面的价格刚性，部分原因是零售价格数据更容易被研究人员使用。由此发现，至少在咖啡行业，绝大多数的不完全传递是在批发价格水平上出现的，这表明专注于零售价格的研究可能是不完全的。

Nakamura 和 Zerom（2010）在批发和零售层面记录了咖啡价格的实质性僵化：咖啡的制造商平均每年调整价格 1.3 次，而不包括销售的零售价格，在他们考虑的时间段内平均每年调整 1.5 次。批发价格调整的频率与产品成本波动高度相关，批发价格在高产品成本波动期间大幅度上涨。Goldberg 和 Verboven（2001）同样研究了使用美国大型超市连锁店的数据，在啤酒市场上批发价格刚性的重要作用。

此外，Nakamura 和 Zerom 建立了咖啡行业的结构模型，并研究其成功解释传递的事实。首先估计咖啡需求模型。像大多数市场一样，咖啡市场被描述为在需求曲线依赖于价格导向参数的差异化规格中估算需求曲线的差异化程度和一个理想实验室。因此，有必要给出一些指定离散选择需求模型的结构。咖啡行业在估算中受到外来冲击的影响，在国内供不应求，他们将这些天气冲击用作工具，将这一需求模型与咖啡行业供给方面的结构模型相结合，固定企业的数量和企业生产的产品符合观察到的行业结构，通过假设企业必须支付"菜单成本"来调整价格，考虑到价格刚性程度，根据模型，企业面临固定成本价格调整导致他们不会经常调整价格，价格调节障碍意味着该模型是一个动态过程，然后分析这种模型的马尔可夫完美均衡（Markov Perfect Equilibrium）中价格对成本的均衡反应。由于其对短期动态的影响，因此纳入模型中的价格刚性至关重要，因为忽视这些因素对当地成本和成本加成调整作用的估计可能会有偏差（Engel，2002）。

第二节　质量、贸易和汇率传递

一　质量、贸易和汇率传递

汇率波动对国际贸易产品的价格影响很小。汇率变动对国内商品价格的传递是不完全的，换句话说，进口商品价格不能完全适应汇率变化。

经济学家和政策制定者面临的挑战是理解汇率不完全传递的原因，因为后者对最优货币（Optimal Monetary）和汇率政策的实施有影响。部分传递的可能解释包括短期名义刚性以及目标市场货币的定价（Engel，2002；Gopinath and Itskhoki，2010；Gopinath et al.，2010；Gopinath and Rigobon，2008），市场定价策略，出口企业根据汇率变化差异调整其成本加成（Atkeson and Burstein，2008；Knetter，1989，1993），或进口经济体中当地分销成本的存在（Burstein et al.，2005；Corsetti and Dedola，2005）。

由于高度细化的企业和产品层面的贸易数据的可用性越来越高，一些学者已经开始研究出口商对汇率冲击的异质定价反应。然而，关于产品层面的特征，解释异质传递作用的实证研究仍然很少。为了弥补这一差距，Chen 和 Juvenal（2016）研究了如何通过出口产品的质量来解释不完全传递。他们利用阿根廷 2002～2009 年的葡萄酒生产企业的数据研究了葡萄酒产品质量如何调节汇率变动对出口价格和出口数量的影响。在理论上模拟实际汇率冲击对多产品企业定价决定的影响，这些多产品企业在其出口产品的质量上是异质的，并且通过实证研究了这种异质性如何影响汇率传递。他们的理论分析表明，出口产品的需求价格弹性是产品质量的反函数，因为当汇率贬值时，高质量产品市场定价的程度更大，而汇率变动对出口数量的影响更小，即市场定价的程度越高意味着汇率传递的程度更低。评估质量在解释传递中的作用是一个挑战，因为质量通常是不能被观察到的。为了解决这个问题，Chen 和 Juvenal 专注于葡萄酒行业。葡萄酒行业是一个以农业为基础的制造部门，结合阿根廷企业层面出口值独特的数据集，将高度细化的葡萄酒产品的数量与专家对葡萄酒的评级作为质量的直接可观测量。

Chen 和 Juvenal（2016）的贡献是：首先，建立一个理论模型来指导实证规范。基于 Berman 等（2012）和 Chatterjee 等（2013）的模型，扩展了 Corsetti 和 Dedola（2005）的模型，建立了一个产品质量异质性影响多产品企业出口行为的理论模型，允许企业生产和出口具有不同质量水平的产品。在以进口国货币支付的地区分配成本的情况下，该模型显示，企业认为的需求弹性随着实际贬值和质量而下降。因此，随着实际汇率的变化，出口商更多地改变它们的价格（以本国货币计），而对于更高质量的产品它们的出口量更少。一旦考虑到高收入国家对高质量的产品有更强烈的偏好，如来自实证贸易文献的研究表明（Crinò and Epifani，2012；Hallak，2006），价格和数量对汇率变化发生异质反应，较高收入目的地国家质量被预计更好。

在从出口企业的角度探索异质传递决定因素的过程中，Berman 等（2012）发现，高生产率的法国出口商根据实际汇率变化显著地改变其出口价格，从而导致通货膨胀率降低。Chatterjee 等（2013）关注多产品巴西出口商，表明在企业内，市场定价（Pricing-to-Market）对于企业生产效率最高的产品传递更强。Amiti 等（2012）发现，具有高进口份额和高出口市场份额的比利时出口商有一个较低的汇率传递。

Auer（2009）和 Auer 等（2012）探索了质量和传递之间的关系。然而，由于两篇文献分别依赖于进口和消费者价格数据，他们通过实证分析研究汇率传递，而不是出口企业的定价与市场行为。与 Chen 和 Juvenal（2016）一致，这些作者预测，较低质量的产品的传递应该更高。Auer（2009）没有发现任何实证表明，美国使用进口价格数据建立这种关系，其中质量是从贸易中推断的单位价值。相比之下，使用关于在欧洲交易的汽车价格和数量的数据集，Auer 等（2012）发现，一些实证表明，汇率传递随着基于汽车特性（如重量、马力和燃料效率）的汽车价格回归估计的特征质量指数而下降。

二 贸易和汇率传递

虽然市场定价的估计侧重于出口价格，但许多研究侧重于产品的进口价格，以及它们在多大程度上对汇率变动做出了反应。这些文献记录了汇率不完全传递的存在，即进口价格不完全适应汇率变动，从而间接证明了不完全竞争。对这种文献的贡献和汇率不完全传递可以被认为是市场定价的镜像。在讨论市场定价时，Fosse（2014）涉及市场定价的不同要素，特别是短期市场定价（SRPTM）和长期市场定价（LRPTM）。

Goldberg 和 Knetter（1997）提出进口价格的汇率传递为 60%。Gopinath 和 Itskhoki（2010）提出并校准了价格刚性（Price Rigidities）模型。结果表明，进口价格的长期汇率传递为 20%，低于 Goldberg 和 Knetter（1997）提出的 60%。Campa 和 Goldberg（2005）提出了短期和长期汇率传递水平的差异以及来源国的差异。虽然汇率传递研究经常在产品方面被详细阐述，但学者们通常是从宏观层面研究行业和国家变化的。

Berman 等（2012）对异质市场定价进行了企业层面的分析。他们使用法国企业层面数据，并提出出口价格弹性在汇率变化方面的异质性。他们在理论上解释，在生产力差异的基础上提出市场定价的异质性。Berman 等扩展了 Melitz 和 Ottaviano（2008）构建的模型。与低生产率企业相比，高生产率企业的价格要更低。因此，他们进一步按需求曲线进行研究，发现其产品的需求弹性较低。如果出口商面临货币贬值，其外币价格下降，若出口商没有反应，这意味着完全的汇率传递。如果出口商认为其产品的需求弹性低，那么可以通过提高价格利润来抑制一些货币收益，从而增加本国货币的价格。这是一种市场定价的行为，也意味着不完全的汇率传递。

如果出口涉及固定成本，对出口有内生选择，就意味着观察到的企业出口数据本身比非出口商数据更有效（Melitz，2003）。因此，可以预期普通出口商实行市场定价（即可以期望发现出口价格对汇率的弹性），因为这些出口商是相当有成效的，否则就不会出口。此外，如果企业认为产品价格弹性低，并且对更高生产率的生产者也要降低产品价格，与其他出口商相比，可以预期最高产的出口商的市场定价高于平均水平。事实上，虽然 Berman 等（2012）发现普通出口商市场定价的实证，但他们也认为，没有达到平均水平的生产性出口商更少地参与市场定价中，高效率的出口商更多地参与市场定价。

Berman 等对丹麦数据进行平均市场定价的类似估计，显示市场定价的实证存在于丹麦的企业中。所以丹麦企业的成功出口，在某种程度上是竞争性的，并且有一定的市场影响力。他们可以以小于一比一的比率降低产品价格以应对汇率升值，而不是完全降低出口价格，而且可以提高出口价格，以应对汇率贬值。

但是，当 Fosse（2014）用理论分析年度数据和最终要求检测企业的反应时，必须清楚地说明正在试图揭示的内容。例如，2004～2006年，美元兑丹麦克朗，三年均值在平均值的最低和最高之间的 0.9% 的范围。所以实际上没有对定价市场的观测结果。但在此期间，每月平均浮动从低于平均水平的 6% 到高于平均水平的 14%。因此，与每月、每季度甚至半年度数据相比，年度估计中忽略了影响相当大的几个观察值。所以，使用年度数据估算市场定价肯定不能代表 SRPTM 的测度，结果也将是清楚的。年度数据的市场定价更类似于 LRPTM，但最多可以考虑年度测量时间平均市场定价偏向于 LRPTM。

Campa 和 Goldberg（2005）、Drozd 和 Nosal（2012）在实证研究的基础上提出了低短期和高长期的传递率（或高 SRPTM 和低 LRPTM）。Drozd 和 Nosal（2012）提出了一个在短期内市场扩张低迷的模型，市场扩张时，引发卖家对市场份额的竞争比在长期运行中更为突出。

Campa 和 Goldberg 使用经合组织的产品贸易宏观面板数据，得出结论：在短期内，部分传递的存在拒绝了生产者货币定价（意味着完全通过）和本国货币定价的假设，即为定价零传递。该计价货币的选择是他们论证的核心。从理论角度来看，他们依赖于 Devereux 和 Engel（2001）、Bacchetta 和 Wincoop（2001）的理论，Campa 和 Goldberg 认为货币政策和汇率变动影响着计价货币的选择。如果目的地国家的货币政策相对于企业自己的货币是稳定的，并且汇率变动性相对较低，则计价货币应该是企业自己的贸易伙伴之一。这个推理意味着可以看到与中低收入市场相比，高收入市场的汇率传递较低（相当于市场定价较高），正是因为高收入国家，所以从货币角度来看更加稳定。

第三节 汇率传递和产品异质性

Bernini 和 Tomasi（2015）从理论和实证的角度就进口投入品和出口产品质量对出口商对实际汇率波动的异质反应进行了研究，建立了一个模型：高质量产品的生产需要在垄断竞争激烈的国外市场销售的高质量投入品。该模型预测，使用进口投入品的出口商具有较低的汇率传递，但对于出口优质产品的企业来说，这种影响较弱。这是由于国外供应商出售不同质量的投入品的异质价格调节。Bernini 和 Tomasi 使用意大利 2000~2006 年企业层面的贸易数据来实证模型。实证分析表明，中低端进口产品在汇率传递为优质品种出口价格方面的影响明显较弱。

Bernini 和 Tomasi 的实证研究克服了以往汇率传递和出口质量研究的主要局限性。由于出口产品的质量在贸易数据集中通常被忽视，现有的分析侧重于可获得质量信息的具体部门。Chen 和 Juvenal（2016）将其对阿根廷葡萄酒出口的调查限制在葡萄酒指南的评级中，并将其作为质量的代表。Basile 等（2012）通过调查数据来确定意大利出口商通过质量与国外市场竞争。Bernini 和 Tomasi 的分析扩展到比以前的研究覆盖的产品更大的一组产品，因此产生更强大的实证支持出口质量是企业和产品之间汇率传递异质性的重要决定因素的假设。他们从估计消费者需求的离散选择模型（Berry，1994；Khandelwal，2010）获得了揭示出口质量企业—产品—目的地层面的度量方法。该估算允许他们避免使用调查数据引起的可比性问题和测量误差。

Bernini 和 Tomasi 研究的主要特点是综合研究产出和输入质量在确定出口商将产品进口价格与汇率变动隔离的能力方面的作用，构建了一个模型，高质量的出口商也是在垄断竞争市场上销售高质量投入品的进口商。这种模型的新颖预测是，虽然中间投入的进口通常会减少出口商的汇率传递，但如果进口的投入品质量较高，这种影响就会较弱。他们通过使用非常丰富的数据集来测试模型，提供关于意大利企业进出口流量的数量和价值的信息。该数据集使他们能够获得揭示出口质量的企业—产品—目的地层面度量方法。通过对出口价格的汇率敏感度的估计，使用更加密集的投入品的出口商具有更大的抵消汇率变动的能力，见Amiti 等（2012）的研究。然而，对于出口较高质量产品的企业而言，这种影响较弱。通过表明高质量投入品的进口价格对汇率变动不太敏感，他们提供了实证支持投入供应商定价能力削弱进口渠道的理论假设。微观结果有助于解释跨国异质性在总体价格中对汇率变动的敏感性（Campa and Goldberg，2005）。研究结果表明，一个国家在国际贸易质量阶梯中的立场传达了对进口中间投入的依赖程度，从而塑造了出口总价格对汇率变动的敏感性。

国际宏观经济学的一个主要难题在于为什么进口产品的价格不能完全反映汇率波动。丰富的实证分析显示，进口价格的汇率弹性相对较低。不完全汇率传递的可能解释之一是出口商采用市场定价策略，即调整出口价格以限制汇率变动转变为消费者进口价格（Knetter，1993；Atkeson and Burstein，2008）。虽然最初对总体数据进行了调查，但可获得的分类信息显示，出口商的市场战略的异质定价取决于其生产率、市场份额、进口投入和产出质量。

第四节　多产品企业和汇率波动

Chatterjee 等（2013）在研究汇率冲击对多产品企业出口行为的影响时提供了一个理论框架，用以说明企业如何在汇率波动的情况下调整产品的价格、数量、产品范围和销售分布。为了应对实际的汇率贬值，企业扩大了所有产品的利润空间。他们使用巴西海关数据，对其理论预测提供了有力支持。样本涵盖 1997～2006 年，其间巴西经历了一系列剧烈的货币波动。

消费者进口价格对汇率波动的反应相对较弱是一个典型事实，理解这一现象对决策者来说至关重要，因为汇率传递程度将影响货币贬值如何影响通货膨胀，从而影响货币政策的行为。此外，它也可能对出口企业、进口企业和消费者的福利产生重要影响。由于进口关税和汇率如何影响国内价格存在对称性，因此研究汇率传递的决定因素也可能揭示国内价格对贸易自由化的反应程度。了解汇率传递本身是有意义的，因为它有助于了解企业如何设定价格以及如何应对冲击并做出反应。

在国际宏观经济学领域，汇率传递的研究长期以来集中在跨国数据汇总上。然而，由于企业和产品层面可用的出口和进口交易数据越来越多，为了解不完全汇率传递的决定因素，许多学者已经开始分析企业层面的反应。文献的这一分支从 Feenstra 等（1993）、Goldberg 和 Verboven（2001）开始，研究了国际汽车市场和官方海关数据的价格行为。这些数据通常涵盖了一个国家的所有国际交易，并为研究人员提供了前所未有的细节。这种将重点转向企业层面数据的变化并不奇怪，国际贸易文献通常将企业作为主要研究对象。参与国际贸易的企业在生产力方面是具有异质性的，生产多种产品，并且在不同产品中经常表现出生产率的异质性。Chatterjee 等明确模拟汇率冲击对异质多产品出口商定价决策的影响并使用巴西详细的交易层面海关数据，实证地探讨企业内部和跨企业异质性对汇率传递的影响。

Chatterjee 等的理论框架说明了异质企业如何在汇率贬值的情况下调整其价格、数量和产品范围，以及企业内部产品的价格和数量反应程度如何变化。该模型的两个关键特征是：①每个企业都面临一个产品阶梯，如企业生产最有效的核心产品（企业的核心竞争力）的效率较高，企业生产远离核心产品的产品的效率较低；②每家企业都支付一个单位的当地分销成本，这意味着利润会因为产品与企业的核心竞争力的差距而有所不同。在给定的企业中，更接近核心竞争力的产品，最优利润更高，生产成本相对较低，因此分销成本构成消费者价格的很大一部分，从而导致需求弹性降低和收益提高。

Chatterjee 等研究表明，为了应对汇率贬值，更接近核心竞争力的产品的价格上涨幅度更为显著，如那些生产率更高的产品。原因是当地单位分销成本意味着不同程度的利润取决于企业特定产品的生产力。此外，企业扩大其产品范围，其对不同产品的销售分布也因为实际的汇率贬值而变得不那么扭曲。这两个结果意味着，随着贬值、非核心（效率较低）的产品相对于核心产品的重要性在企业出口总量中增强，导致企业内部重新分配资源，从而降低了效率。

Chatterjee 等主要涉及 Berman 等（2012）的研究，他们研究了法国企业最优价格对汇率波动的反应。虽然他们的模型也将当地的单位分配成本作为异质价格反应的主要驱动因素，但他们的分析侧重于单一产品企业，因此高生产率企业与低生产率企业的反应不同。然而，大多数参与国际贸易的企业生产多种产品。通过允许企业生产多种产品，可以获得更多的结果，即企业如何改变其产品范围，以及价格如何反映企业内的产品与产品之间的差异。此外，Chatterjee 等利用计量经济学分析更大的样本，因为绝大多数价格观测来自多产品出口商。实证结果也证实了 Berman 等（2012）的主要结论：为了应对实际的汇率贬值，高生产率企业相对于低生产率企业会更大幅度地提高生产者价格。关于多产品企业，Chatterjee 等的研究与 Mayer 等（2014）的研究最相似，其主要重点是了解出口市场条件，如市场规模和竞争程度如何影响企业产品的相对销售分配。Chatterjee 等采用他们的产品阶梯的确定性方式来展示产品相对于销售分布如何改变对汇率变动的反应。Mayer 等（2014）在其框架中纳入了一个线性需求体系，以允许利润内生。在 Chatterjee 等的模型中，由于存在当地分销成本，即使需求结构来自 CES 偏好，如果使用线性需求，则所有的理论预测不会改变。但是，CES 首选项允许分析可以明确地显示如何分配和传递价格弹性以及实证检验这些预测。

第五节　价格和汇率波动

一　进口价格中的汇率传递

Campa 和 Goldberg（2005）通过跨国和时间序列的实证，研究 23

个经合组织国家进口价格中汇率传递的程度，发现短期内部分传递明显的实证，特别是制造业。从长远来看，生产者货币定价对于许多类型的进口产品来说更为普遍。汇率波动率较高的国家具有较高的传递弹性，尽管宏观经济变量随着时间的推移，传递弹性的演变发挥了较小的作用。这些国家的传递变化更为重要，一直是国家进口捆绑组合的巨大转变。

关于汇率传递的研究的侧重点一直随着时间的推移而演变，经过一价定律（The Law of One Price）和各国融合的长时间争论，从 20 世纪 80 年代末开始，有关汇率传递的研究强调了产业组织（Industrial Organization）以及分割和价格歧视在不同的地理位置的产品市场中的作用。在一般均衡模型中，汇率传递问题对稳健的货币政策和汇率制度最优性的激烈辩论中起了核心作用。这些争论对货币政策的行为、宏观经济稳定性和国际传递的冲击具有广泛的影响，并努力遏制贸易和国际资本流动的巨大失衡。

这些争论取决于生产者货币定价（Producer-Currency Pricing，PCP）与进口的本地货币定价（Local-Currency Pricing，LCP）的普遍程度以及汇率传递率是否是一国货币表现的内生性问题。低进口价格传递意味着名义汇率波动可能导致国内货币政策的支出转移效应较低。由于这种孤立的结果，货币政策对刺激国内经济作用更大。Taylor（2000）也注意到货币稳定与货币效应之间作为政策工具的潜在互补性。如果一个国家的货币相对稳定，通货膨胀率是内生的，那么更稳定的通货膨胀率和财务表现会使得货币政策作为一种稳定工具更加有效。如果汇率传递程度对宏观经济变量是高度内生的，那么关于货币政策有效性是否脆弱与特定的政权、总体汇率传递程度及其决定因素有关，因此对宏观经济政策的有效性很重要。

虽然汇率传递变动引起一个国家的进口价格变化是宏观经济稳定论证的核心，但是到目前为止，只有有限的相关研究实证证明了这种关系。Campa 和 Goldberg（2005）的第一个目标是提供广泛的跨国和时间序列实证，研究关于 23 个经合组织国家的进口价格的汇率传递。他们使用 1975 ~ 2003 年的季度数据，适当控制出口商边际成本和需求条件的变化，估计传递弹性。他们的跨国实证强烈支持在总进口捆绑层面的短期（定义为四分之一）的部分汇率传递。

经合组织国家的传递弹性的未加权平均数在四分之一中约为 46% ，而长期来看则大约为 64% 。在经合组织中，美国的传递率最低，短期内约为 25% ，而长期来看则为 40% 。德国进口价格的传递率为 60% ~ 80% 。

如何解释国家进口价格中的汇率传递差异？一个有前途的研究方向是通过关注宏观经济变量来补充早期的微观经济理论。值得注意的是，理论研究认为，国家的货币总量和汇率的波动会影响贸易中计价货币的选择（Devereux and Engel，2002）。在平衡的情况下，将选择相对汇率变动率较低或货币政策稳定的国家的货币进行交易计价。Campa 和 Goldberg（2005）研究实证表明，汇率和通货膨胀率较低的国家，其进口价格中的汇率传递较低。

宏观经济争论中引起关注的另一个问题是汇率传递率随时间变化的稳定性问题。Taylor（2000）、Goldfajn 和 Werlang（2000）等认为，汇率传递率可能随着时间的推移而下降。部分研究引用巴西 20 世纪 90 年代后期的经验，消费者价格对于大量的本币贬值反应很小，与过去的贬值事件形成鲜明对比。这些相关研究提出的问题是，传递的下降以及传递率的普遍下降是否与进口国的宏观经济状况有所改善有关。Campa 和 Goldberg（2005）进一步询问这些问题是否延伸至经合组织国家。他们强调将总传递率分析分为两部分的重要性：一是边界现象，传递率在进口价格水平有多大的变化？是在边界吗？二是这些边际价格变动在多大程度上传递给消费者，甚至被预期的当前或将来的货币政策变化所抵消？这个分析具体涉及前一个问题。

在可以进行统计检验的 23 个经合组织国家中，Campa 和 Goldberg（2005）确认汇率传递率呈现弱下降趋势。但是，这个结果不应夸大。因为统计检验中的低影响力和检测传递随时间变化的能力有限，需要谨慎评估这些结果。只有 4 个国家的传递下跌在统计结果上显著，但是有 2 个国家的进口价格中的汇率传递大幅增加也是明显的。

Campa 和 Goldberg 继续检验可能导致进口总价格中汇率变化的潜在驱动因素。对于任何国家来说，这种转变可能是由一个国家进口产品的基本组成的变化，或由与这些产品种类相关的传递弹性的变化导致的。在具体分类产品层面，由于行业竞争条件的变化或宏观经济状况的变化，传递弹性可能会改变。

研究人员广泛地研究了进口组合的作用，经合组织按国家提供进口价格系列，分为五个进口类别：食品、制造业、能源、原材料和非制造产品。他们使用这些进口系列来记录本国货币定价、生产者货币定价或部分传递，并对这些类别中的传递进行稳定性测试。强有力的跨国实证表明部分传递给进口价格。随着对制造过程和食品进口价格的短期描述，显示 PCP 和 LCP 都被强烈地拒绝。因为制造业贸易现在主导着经合组织国家的进口，所以解释了整体进口价格的部分传递。但是，传递的稳定问题仍然是广泛讨论的热点问题。

值得注意的是，进口价格分类的传递率在二十年的数据检验中高度稳定。他们使用这些稳定的传递弹性以及进口组合的时间变化数据，研究进口组合对总传递的影响，并且与总体经济的时间序列（国家规模、通货膨胀和汇率变动性）的总传递变化与贸易构成的贡献进行了比较。尽管宏观经济变量特别是汇率变动对于国家传递水平的排名很重要，这点与 Bacchetta 和 Wincoop（2002）以及 Devereux 和 Engel（2001）的猜想一致，但是这些变量对于解释经合组织国家进口价格下降的汇率传递并没有那么重要。

二 出口价格对汇率变化的反应

Fosse（2014）采用独特的数据集进行市场定价，涵盖了企业层面月份交易的详细数据。与年度贸易流量相反，月度交易量更接近企业实际做出定价决定的交易水平。使用月度数据确实增加了关于市场定价平

均水平的新信息，以及反映了长期和短期市场定价的差异。同时 Fosse
还发现了在市场定价上的行业差异，在规模、时间和动态响应结构
（即企业何时改变价格）方面，高收入市场的定价能力更强。

　　出口企业面临的一个特别的挑战是，当汇率发生变化时，如何对国
外市场的出口产品进行定价。这些出口销售受到汇率变动的影响，因此
对这些变化做出价格调整至关重要。如果企业通过改变出口价格，用外
币应对汇率波动，可以说企业进行市场定价。企业是否调整价格，以及
调整多少，取决于一系列的情况，特别是竞争对手的产品市场。讨论在
市场定价涉及存在已久的不完全汇率传递的文献中，为什么进口价格不
能完全适应汇率变动。

　　Fosse（2014）采用独特的数据集以非常详细的方式涵盖了企业层面月
度贸易，呈现市场定价。这些高频数据提供了一个新的观点，这个观点用
年度数据估计值是无法发现的。年度贸易额是在不同时间点采取的多项决
定的总和，而月度交易额更接近实际做出决定的交易水平。值得注意的是，
年度数据提供年度单位值，Fosse 称之为价格。年度数据中的价格是企业在
该年度收取的不同价格的平均值。数量回扣（Quantity Rebates）是一个受
欢迎的定价策略（Chu et al.，2011），年平均价格确实与实际价格相差
较大。使用月度数据，Fosse 可以肯定单位值确实接近特定出口合同中
的具体价格。

　　Fosse（2014）发现，使用月度数据确实增加了关于市场定价的新
信息，以及长期市场定价和短期市场定价之间的差异。此外，在市场定
价的规模和时间方面存在行业差异，市场定价能力在高收入市场上更
强。这些结果符合计价货币（Invoice Currency）选择和相关定价机制的
理论预测。

　　Fosse 通过使用丹麦"通用企业统计"（FIRM）中的丹麦企业人口
与丹麦统计局对外贸易统计的月度产品目的地贸易流量进行综合研究。
他把企业产品目的地层面数据与来自 27 个非欧元区国家的外汇汇率数
据相匹配，这些数据占丹麦所有制造业出口的一半左右。他仔细估计高

频率企业层面贸易和汇率变化之间的联系，从一组固定效应（内部）回归中估算出隐含的价格对汇率的弹性。

参照 Berman 等（2012）的研究，Fosse 首先使用丹麦企业的年度数据估计出口价格弹性。这些年度估计是为了与更频繁的月度数据估计进行对比。Fosse 使用年度数据发现，丹麦出口商通常将本国货币出口价格调整 10%，而后货币变动达 1.4%（即 PTM 为 14%），这样的弹性类似于法国年度目的地企业产品层面数据中发现的弹性。但是，这个年度 PTM 测度究竟涵盖了什么呢？是按时间平均测量还是长期效应？参照 Campa 和 Goldberg（2005）的研究，Fosse 从月度数据比较年度不同的估计值，列出了可能的时间聚合——具体的 LRPTM 和 SRPTM。Fosse 认为总体 LRPTM 在制造业是 18%，因此表明市场定价高于年度估计值的实证。随后，再估计汇率滞后一个月的 SRPTM。在总体水平上，Fosse 认为在短期内，SRPTM 平均值与 LRPTM 估计值一致。然而，进一步限制样本仅覆盖高收入目的地市场，指向更高的 SRPTM。此后，Fosse 比较了行业内高收入目的地市场上 SRPTM 和 LRPTM 的差异，结果表明 PTM 在不同行业和时间上的差异很大，SRPTM 与 LRPTM 的差异很大。该过程表明，汇率滞后的高度相关性是一个探索性难题。

Fosse（2014）的研究结果表明，具有较高水平的制造业的出口企业市场定价是通过迅速调整价格来对汇率变化做出反应的。随着时间的推移，可得到更多有关竞争对手定价和市场反应的信息，企业将减少其初步调整，因此长期对汇率波动的反应低于初始短期反应。显然，年度数据无法发现这种反应模式。当评估汇率制度及其对企业行为的影响时，掌握企业如何有效地对短期和长期的汇率变化做出的反应非常重要。

三　进口商、出口商和汇率传递

大型出口商同时也是大型进口商。Amiti 等（2012）用 2000～2008 年比利时出口商的丰富数据集进行理论预测。这些数据的一个显著特点是它们包括来源国的进口层面和目的地的 CN 8 位码产品出口代码（接近 10000 个不同的产品代码），他们与企业层面特征匹配，如工资和投入支出。这使他们能够将进口投入量作为企业总可变成本的一部分，并衡量每个出口目的地的市场份额，这是他们分析中的两个重要特征。此外，根据来源国的进口信息，可以将欧元和非欧元国家的投入分开，这是一个重要的区别，因为欧元区的进口投入是比利时企业的货币。

Amiti 等（2012）表明，这是理解低汇率传递以及出口商的汇率传递变化的关键。首先，由于战略互补性和进口中间投入的内生选择，他们结合可变的成本加成建立了一个理论框架。该模型预测，高进口份额和高市场份额的企业具有较低的汇率传递率。其次，他们使用比利时企业产品层面数据来测试和量化理论机制，其中包括目的地的出口信息和来源国的进口信息。他们确认进口密集度（Import Intensity）和市场份额是企业横截面数据的首要决定因素。没有进口投入品的小出口商传递达到了 90% 以上，而进口密集度和市场份额分布占 95% 的企业的汇率传递率为 56%，边际成本和加成渠道大致扮演相同的角色。最大的出口商同时是高市场份额和高进口密集度的企业，这有助于解释在数据中观察到的低总体传递和汇率分离的现象。

Amiti 等（2012）研究认为，进口密集度直接影响汇率，当汇率变化时，通过引起边际成本的相互抵销变化，间接地通过选择导入具有最多变量加成的最大出口商。他们分别使用进口密集度和出口市场份额作为边际成本和加成渠道的代理，并表明这些企业变量的差异在时间上有很大的变化。一个小的不使用进口中间投入的企业几乎完全传递，而市场份额和进口密集度分布占 95% 的企业只有 56% 的传递率。这种不完全传递的部分原因是进口密集度测量所得到的边际成本渠道。由于进口密集度严重偏向最大的出口商，他们的调查结果有助于解释观察到的低总体传递弹性，这在汇率分离研究中起着关键作用。研究模式的理论框架结合了寡头垄断竞争的标准成分和企业层面内生进口选择的可变加成。

Amiti 等（2012）的研究结果表明，扩大边际成本渠道有助于加强和拓宽加成渠道，以降低整个企业的总体传递和传递程度。不完全传递分解成边际成本和加成组成部分是分析汇率波动的福利后果以及对货币汇率的可取性所必需的。此外，汇率价格的敏感性是中心支出转换机制对国际调整和再平衡的核心应对。低效率的一个表现是，当汇率波动影响主要是来自不同国家的出口商的加成分配时，转移支付不大。没有传递的原因主要是复杂的国际网络、中间投入采购、不完全的汇率传递给价格等。对福利后果的完整分析需要一个统一的均衡模型，其中包括他们提供的边际成本和加成渠道的重要性的证据，这也为今后的研究指明了重要的方向。

在控制边际成本渠道之后，他们的证据仍然为不完全传递的加成渠道发挥重要作用。特别是，可以通过更多的成本冲击来调整高成本的大市场份额的加成。这与大企业选择更高水平加成的模型是一致的，这种模式可以使资源分配不合理的实证合理化（Hsieh and Klenow，2009）。这种关于不合理分配的证据解释来自常规成本方面的加成解释（Peters，2010）。因此，他们的实证研究结果对企业层面的不合理分配模型进行定量评估校准是有用的。

在黏性价格环境中，出口商暂时选择本国或生产商货币固定价格，由于他们不能对价格变动的实证作条件分析，或者通过定价货币拆分样本，结果是期望加成的变化，当价格用特定货币计量时，汇率变动会引起加成机制变化。因此，研究结果表明，进口密集度和市场份额有助于实现价格弹性不完全传递或者是本国货币定价的可能性，从而导致价格调整之前的低传递。实际上，结果很可能是由这两个不完全传递的来源所驱动的。事实上，Gopinath 等（2010）表明，这两个原则相同的原始决定因素所提供的价格选择证据，在本地货币的横截面与价格调整条件下的不完全传递密切相关。

第六节 市场定价、企业异质性和质量定价

一 市场定价、企业异质性和质量

Basile 等（2012）建立了具有企业异质性的市场定价模型，允许在灵活的汇率、横向和纵向差异化以及目的地市场消费者不同偏好的情况下，考虑不完全竞争和市场细分，得出企业对价格和质量竞争冲击反应的定价行为。如果质量有作用，那么企业之间存在异质性的市场定价。他们对意大利企业层面数据的理论框架的主要预测进行了实证评估。记录了国内出口价格利润受到价格和质量竞争力因素的影响，甚至可以控制外国需求状况、规模、出口强度（Export Intensity）、目的地市场和不可观察的因素。最后，实证研究表明，企业在价格和质量竞争力的反应中存在很强的异质性。

大量实证研究表明，出口企业根据目的地市场改变其产品的价格。为了寻求价格差异的原因，研究者一直关注汇率变动。Dornbusch（1987）研究了产业组织模型的定价策略，而 Krugman（1987）正式确定了市场定价的概念（Betts and Devereux，1996；Corsetti and Dedola，2005）和局部均衡模型（Baldwin，1988；Marston，1990），随着特定市场竞争压力最佳反应的根本变化（以汇率变动为代表）推测企业将目标市场的利润和价格区分，由于市场定价行为是当下国际经济学家的关注领域，有趣的问题是这个主题如何与企业异质性和国际贸易的研究有关。Basile 等（2012）研究根据市场企业异质性的生产力对其价格变化的能力产生的影响这个问题，其贡献有三点：①揭示出口商的市场定价行为，这隐含了企业异质性与国际贸易基本模型之一；②表明市场定价政策不仅是对价格竞争的转变而做出的反应，而且也是为了应对非价格竞争因素的变动，如目的地市场消费者对质量的偏好；③指出在应对特定市场竞争冲击时，假设质量在企业调整价格能力的异质性方面发挥作用，从这

个意义上而言，高质量生产者比低质量生产者更能实行市场定价。

一些学者已经解决了市场定价和企业异质性的问题。Atkeson 和 Burstein（2008）使用嵌套的固定替代弹性（CES）需求系统，其中利润是变量，假设产品在一个部门内比在部门之间更可替代，随着利润反映企业在目的地市场的市场份额的变化，这个模型引起了企业定价行为的异质性。Berman 等（2009）考虑了一个迪克西特—斯蒂格利茨模型（Dixit-Stiglitz Model）。在这个模型中，目标市场利润的变异性是通过国家特定的分配成本来保证的，根据市场的感知需求弹性变量，并依赖于企业的异质性。高绩效企业认为需求弹性较低，并可以比低绩效企业更能实行市场定价。Auer 和 Chaney（2008）在完全竞争条件下研究了企业层面的定价政策。在他们的研究中，生产者出售不同质量的产品给对质量具有异质偏好的消费者。汇率冲击导致不完全汇率传递和异质价格反应，高质量企业比低质量企业更多地限制汇率波动的幅度。Rodríguez-López（2011）也指出，企业层面的不完全汇率传递采用的是垄断竞争模式与异质生产者和内生利润。在相同产品样本的超越对数支出函数的基准案例中，研究者发现，更有生产能力的企业实际上能够设定更高的利润，但是相比生产率较低的企业则较弱地按比例调整结构。这一结果在模型的质量提高中得到证实，至少有能力的出口商在其利润中承受了更高比例的汇率冲击。这样的发现证明对偏好函数的选择是敏感的，如同通过准线性二次函数获得相反的结果。

Basile 等（2012）认为，由 Melitz 和 Ottaviano（2008）（以下简称 MO）模型提供了特定市场利润内在分配的一般框架，其中价格差异化和市场定价作为基本设定的自然结果出现。除了明确汇率对国内外市场价格多元化的影响外，研究将沿着两个方向修正 MO 提出的框架：①消费者的特征不仅在于对产品种类有偏好，而且喜爱产品的质量，使其效用随许多差异化种类产品的质量提高而增加。②这种偏好在市场上是不统一的，从一个国家到另一个国家不同。Basile 等（2012）对待特定国家质量偏好的方式与 Hallak（2006）相似，将其纳入不同的偏好结构。

在需求方面引入质量评估意味着供给方的质量生成机制。Basile 等采用 Baldwin 和 Harrigan（2007）提出的简单规则，将边际成本与产品种类的质量直接关联。这种质量生成机制是价格差异化的必要条件，但并不充分。单一种类产品无论在何地销售都具有相同的质量，重要的是不同国家的消费者对质量属性的评估是不一样的。使用这种方法与内生质量模型（Antoniades，2008），在质量提高的情况下，价格随生产率而上涨。Kneller 和 Yu（2008）提出了一个类似于 Basile 等（2012）的模型：质量被添加到 MO 模型的偏好结构中，并由 Baldwin-Harrigan 规则在供应方产生。然而，他们没有考虑目的地国家的不同质量偏好，并且未指定分配成本的参数，这两个特点都是 Basile 等（2012）模型的核心。

Basile 等（2012）提出的框架允许从价格和非价格（质量）竞争因素的特定市场变化中得出一整套实证可测试的反应。随着目的地市场的价格竞争变得更加激烈，由于汇率上升或竞争对手降低价格，企业降低了该市场的利润和离岸价格，符合开放型经济模型的市场定价预测。关于质量因素，研究表明，当消费者对质量的偏好上升时，企业可能会根据竞争对手产品的相对质量，来提高或降低相关目的地市场的价格。如果质量较高，消费者对质量偏好的上升就会降低需求弹性，并且相关市场价格上涨。如果较低，则需求弹性变大，低质量企业通过降低目的地市场的价格来做出回应。

企业异质性影响离岸价格变动取决于质量变量。质量没有任何作用的时候，是一个基本的 MO 模型案例，即价格差异化反应价格竞争冲击是独立于生产者的异质性。当质量重要时，企业的异质性变得与价格竞争相关，对于那些生产更高质量产品的企业来说，质量对更激烈的价格竞争的反应更为显著。Rodríguez-López（2011）也发现了一个类似的结果，即当基准跨国支出函数被 MO 偏好结构取代时，因为生产商销售优质产品，对于质量偏好上升的反应高于平均水平的企业正面价格的反应。低于平均水平的企业的负面价格反应可能低于或高于负数，这取决于企业与竞争对手平均质量的距离和消费者对质量偏好的强度。

Basile 等（2012）根据意大利企业的数据对模型进行测试，利用纵向调查数据给出一致的信息，对企业继续从事的定价策略（国外市场价格与国内价格之间的差距）、企业在国际市场上面临的价格和质量竞争因素，加上对几个企业层面的控制。估计结果表明，国内出口价格利润受价格和质量竞争力因素影响显著，甚至可以控制国内外需求状况、出口强度、目的地市场和不可观察的状况。一个随机参数规范也支持这样的假设，即当质量重要时，企业的定价行为存在异质性，较高质量的企业具有更大的市场影响力，在目的地市场能够更有效地对其价格设定做出反应，能更多地改变价格和进行质量竞争。

二 市场定价竞争模型中的汇率传递

Auer 和 Chaney（2008）扩展了 Mussa 和 Rosen（1978）完全竞争条件下的质量定价模型。出口商销售不同质量的产品给对质量具有异质偏好的消费者。生产受到规模报酬递减的影响，因此供给和竞争对汇率波动带来的成本变化做出了反应。第一，他们预测汇率冲击不完全地传递给价格。第二，低质量产品的价格对汇率冲击比高质量产品的价格更为敏感。第三，为了响应汇率升值，出口构成向更高质量、更贵的产品转变。他们使用高度细化的美国进口价格和数量的数据来检测这些预测，并且只找到微弱实证支持他们的理论。

为什么汇率波动所带来的相对成本的变化只能部分地传递给消费者？

Auer 和 Chaney（2008）基于 Mussa 和 Rosen（1978）质量定价模型，以完全竞争和价格弹性为条件建立了市场定价模型。出口商销售不同质量的产品给对质量具有异质偏好的消费者。Auer 和 Chaney 在 Mussa 和 Rosen 研究工作的基础上，从两个重要的方面进行研究。第一，他们考虑了一个完全竞争的环境，而不是原来的垄断地位。第二，在企业层面上提出规模报酬递减。在均衡结果中，较高质量的产品与较高估值的消费者相匹配。与质量和市场价格相关的价格变动取决于与这些产品匹配的消费者的估值。市场消费者的估值较高时，价格较高。

接下来分析模型如何解释成本冲击对消费者价格的不完全传递。该模型的主要解释是，即使在狭义的竞争行业内，不同产品的传递也可能是不完全的和异质的。关键因素是消费者的异质性，所有消费者都重视质量，他们以不同的价格来衡量。在没有这种估值异质性的情况下，相对好的价格是由代表消费者对质量的估值来确定的，导致行业中所有产品的平均传递率达到均衡。模型中的相对价格是由质量差异和各自质量匹配的估值差异决定的。由于质量和估值的均衡匹配对成本变化做出反应，因此不同产品之间的传递率不同。

研究也考虑了完全的国际定价模型。汇率冲击被认为是实际的生产率冲击，因此没有价格黏性，没有货币幻觉，也没有货币政策的作用。研究得出三个对成本传递率的预测。

第一，汇率冲击只是部分地传递给消费者。当出口国受到实际汇率升值的影响时，出口企业将减少出口。产品的相对稀缺迫使最低估值消费者退出市场。因此，出口商与高估值消费者相匹配，从而导致价格上涨。在均衡中，只有一部分成本冲击被传递给消费者。

第二，预测低质量产品的传递速度比高质量产品要高。这个预测依赖于一个微妙的论证。出口商汇率上升后，两个因素抬高了价格。低质量企业的退出缩减了产品总供给量，迫使低估值消费者退出市场，剩余消费者的平均估值上涨，价格上涨。此外，所有企业都缩减了生产量，减少了产品总供给量，推高了所有价格。首因效应（The First Effect）的相对优势对低质量产品作用更大。随着汇率变动对汇率冲击的影响，低质量的出口商的价格几乎以1:1的汇率浮动。在极限情况下，高质量的产品价格相对来说不会受到低质量企业退出的影响。他们的价格只有所有企业按比例缩减产量时才会上涨。因此，低质量产品汇率传递的冲击大于高质量产品。

第三，预测在汇率升值的情况下，出口构成向高质量、高价格的产品转移。这种预测基于出口商的内生选择。当在固定成本的情况下进入国外市场，只有高质量的企业才能出口。当受到负面的汇率冲击时，低质量的企业，也就是以最低的价格销售的企业将退出出口市场。低质量和低价格出口不仅对厂商价格有影响，对总体价格也有影响。由于质优价廉的出口商退出，出口构成转向高价格产品。由于出口构成向高质量、高价格产品转移，总体价格指数往往高估个别产品的实际传递程度。

接下来使用高度细化的美国进口价格和数量的数据来检测这些预测。第一，确认了广泛证明的汇率冲击仅部分转化为出口价格的发现。这个发现不仅在总体水平上成立，正如通常所描述的那样，而且还在数据允许的最高分级上成立。第二，研究发现，没有统计学意义的实证表明，以较高单位价值产品为代表的高质量产品的特点是更高的传递率。第三，虽然发现由于汇率升值，出口产品构成转向高质量产品，但这一结果并不具有统计意义。

Auer 和 Chaney（2008）的方法受到汇率传递研究结果的激励。Campa 和 Goldberg（2005）对不完全传递的实证研究进行了最新的回顾。尽管码头交货价格的汇率冲击几乎完全传递，但消费者价格的传递更为有限。短期的数量级是40%，长远来说是60%。实证研究文献在解释这一事实方面强调了分配利润的重要性。Burstein 等（2000）、Burstein 等（2005）以及 Campa 和 Goldberg（2005）认为，非交易投入，如分配成本起着关键作用。Burstein 等指出，对于美国的典型消费品，分销利润占最终价格的40%以上。与 Auer 和 Chaney 的模型最相关的是，Campa 和 Goldberg（2005）指出，在实际汇率波动期间，分配利润不会保持稳定，1%的实际汇率折旧导致分销利润下降0.47%。Hellerstein（2008）对啤酒行业的研究也证明了本地分配利润对汇率的反应。

为了得到这些事实，研究引入了类似于 Bacchetta 和 Wincoop（2002）的两层生产函数。运输成本是线性的，假设一家企业的生产能力是固定的，对任何国外市场的供应都会减少规模报酬。这种固定能力的一个可能的解释是企业有一个固定的分销网络。在这种假设下，Auer 和 Chaney 的模型导致汇率冲击的不完全传递，尽管在码头是完全传递，且是由汇率波动影响分配利润。重要的一点是，在他们的模型中，所有成本都以出口商的货币支付，而不是以当地货币支付。他们假设这样一个事实，即减少规模报酬，即使这部分成本的一部分是以进口商的货币支付的。如果部分分配费用以外币支付，结果将得到加强。

Auer 和 Chaney（2008）指出组合效应在估算汇率传递方面的潜在重要性。Burstein 等（2005）从质量出发提出了一个具体的组合效应，指出汇率大幅贬值后，消费者停止购买高质量产品。他们对质量的预测是不明确的。事实上，整体而言，贬值之后由于更少的高质量产品进口，消费者将从优质产品转向国内生产的普通产品。然而，仍然购买质量差异化产品的消费者通常会以更高的价格购买更高质量的产品。

Baldwin 和 Harrigan（2007）强调了产品质量异质性对出口选择的重要性。基于 Schott（2004），Hummels 和 Klenow（2005）、Hallak（2006）、Hallak 和 Schott（2008）的实证观察，Baldwin 和 Harrigan 认为，出口部门的选择沿着产品质量的维度而不是实际生产率变化。Johnson（2012）认为，这种解释已被扩展，Johnson 预测，具有均衡异质生产力的企业可以产生异质质量的产出。

Auer 和 Chaney 探讨了出口选择对产品质量维度的影响。在这方面，Auer 和 Chaney 的模型预测类似于 Verhoogen（2008）。他们分析了在一个经济体中，企业雇用高素质员工生产高质量出口产品时，汇率波动对工资不平等的影响。而不是分析产品质量和相对工资之间的关系，Auer 和 Chaney 分析了质量与相对传递率之间的关系。

尽管有越来越多的衡量出口质量的文献，但汇率传递对不同质量出口程度影响的文献却较少。Gagnon 和 Knetter（1995）研究了三家主要汽车出口商的汽车出口汇率传递，发现不同类别汽车的传递率不同。

除了检验成本传递的质量维度外，Auer 和 Chaney 还强调，完全竞争和价格弹性可能会导致不完全传递。现有的关于汇率传递和市场定价的理论文献迄今依赖于两种替代假设：价格黏性或不完全竞争。Betts和 Devereux（1996）、Taylor（2000）、Bacchetta 和 Wincoop（2002）表明，当价格存在黏性时，传递是不完全的、交错的。Gopinath 和 Rigobon（2008）提出，即使汇率每天波动，码头的价格也很少调整。然而，他们还表示，在调整价格的企业中，传递率约为 22%。虽然菜单成本（Menu Costs）可以解释不频繁的价格变化，但他们不能直接解释为什么最优价格对成本冲击反应很小。

紧随其后的是 Krugman（1987）和 Dornbusch（1987）的创新论文中更为精细的模型，还有 Corsetti 和 Dedola（2005）等。这些模型依赖于这样一个事实，即当企业调整价格时，它们沿着需求曲线移动，面临着不同的需求弹性。在需求曲线的某些条件下，出口商将调整其利润并抑制价格波动，导致定价市场和汇价冲击的不完全传递。

Auer 和 Chaney（2008）脱离了这个假设，他们假设完全竞争。在上述文献中，随着在一个行业中竞争企业数量的增加，对市场的定价预测很快就可以忽略不计。相比之下，他们考虑到一个竞争激烈的行业的极端情况，无数企业仍然表现出不完全的成本传递。

Melitz 和 Ottaviano（2008）以及 Chen 等（2009）直接假设价格是效用函数的补充。他们提出另一个解释，即企业和消费者的匹配产生了均衡的互补性。

Auer 和 Chaney（2008）建立一个完全竞争条件下的经济模型，具有质量上的异质性和消费者对质量的估值。在均衡中，高估价客户与高质量企业相匹配，不同质量产品的相对稀缺性导致市场定价，价格由竞争所决定。

他们的贡献是解释了为什么汇率传递是不完全的，以及同一竞争行业内的不同企业是异质的。Auer 和 Chaney 所建模型的关键在于引入异质的消费者，他们都重视质量，但是以不同的价格来做到这一点。他们预测汇率冲击不完全传递给出口价格，高质量的产品价格对汇率冲击不如低质量的产品价格敏感，而且由于汇率升值，出口构成向更高质量的产品变动。

Auer 和 Chaney（2008）使用高度细化的美国进口价格和数量的数据来检测这些预测，发现只有微弱证据支持他们的模型。虽然他们的研究结果在经济上意义很大（例如，忽略组合效应时，总传递率可能高达 9.7%），但它们在统计学上并不重要。鉴于这么大的估计系数，需要更多的实证研究来检查贸易货物组合的变化是否是总价格变动的重要决定因素。

Auer 和 Chaney 研究的不足之一是使用单位价值来衡量产品质量，因为单位价值没有考虑生产成本的影响，尽管生产成本低的企业产品单位价值不高，但其产品质量可能并不低，所以这种衡量方法存在一定的偏差（Khandelwal，2010）。Auer 等（2012）在 Khandelwal（2010）研究的基础上，对产品质量的测度进行了改进，利用欧洲汽车行业产品层面的数据，使用 Hedonic 价格模型来测量不同汽车的质量，结果发现高质量的汽车由于直接面临的竞争对手少，其价格利润也大，所以随着产品质量的提高其汇率传递程度更低。但是这种测度产品质量的方法不具有一般性，因为 Hedonic 价格模型需要的变量在很多微观企业数据中都是找不到的。也有学者通过其他的方法衡量产品质量，研究产品质量与汇率传递之间的关系，如 Basile 等（2012）利用意大利统计局季度商业调查的数据进行实证分析，用一个虚拟变量来衡量产品质量，如果企业宣称根据产品质量在出口市场进行竞争，取值就为 1，否则就为 0。结果表明，生产高质量产品的企业相对于生产低质量产品的企业，可以更好地进行市场定价，也就是生产高质量产品的企业汇率传递程度更低。显然，Basile 等人对产品质量的研究也是不能令人信服的。Bastos 等（2012）研究目的地市场汇率变化对目的地投入价格的影响，其基本思想是将产品质量变化从企业层面的利润变化中分离出来。相对于他们的研究，Flach 等（2013）结合企业层面的产品质量升级与出口国汇率波动的信息来研究质量变化和汇率反应。

三 质量市场定价

Auer 等（2012）在垂直差异化行业中研究企业的定价市场决策，其中包括许多在质量上处于垄断竞争的企业。企业出售异质产品给非异质偏好的消费者，其消费者的收入不同，因此他们的边际支付意愿增加，在高代价的国际贸易下得到价格博弈的封闭式解决方案。然后，当在检测质量和市场需求对质量的相互作用如何影响企业的市场定价决策时，发现高质量产品对低质量产品的相对价格是目的地市场收入的增长函数。当相对成本变化时，高收入国家质量的汇率传递率下降，低收入国家质量的汇率传递率提高。然后，他们记录下的这些预测在欧洲汽车行业的价格和质量数据集中获得实证支持。

实证表明，垂直产品差异化是国际贸易格局的关键决定因素。较富有的国家倾向于同时出口（Schott，2004；Hummels and Klenow，2005）和进口（Hummels and Skiba，2004；Hallak，2006）具有较高单位价值的产品。产品质量的结构估计也表明垂直产品差异化对于理解国际贸易流动是重要的。

Auer 等（2012）认为，高质量也是企业市场定价决策的关键决定因素，并且质量如何进行市场定价，也是国际宏观经济学的核心难题。相同产品的相对价格有所不同，不包括零售分销组成部分（Obstfeld and Rogoff，2000；Atkeson and Burstein，2008），它们在不同的市场上与汇率密切相关。

他们分析的重点是在理论上模拟不同质量的产品的不同价格，这取决于目的地市场的收入分配。利用具有固定利润的非同质偏好的理论（Fajgelbaum et al.，2011）建立一个模型；通过参考产业组织领域的质量竞争文献（Mussa and Rosen，1978；Gabszewicz and Thisse，1979；Shaked and Sutton，1982），得出了可变的利润。

Auer 等（2012）的主要贡献是解释了具有质量竞争的国际贸易多企业模型中的独特的价格均衡问题，并研究在垂直差异化市场中，这些特征和市场需求的相互作用如何影响企业的市场定价决策。在此框架下，这个行业是由大量的生产企业组成，每一个企业生产出独特的品质。由于消费者的异质偏好不同，这些企业的收入也不同，从而影响着他们支付质量增量的边际意愿。因为每家企业都拥有一定的质量目标，满足小部分消费者的需求就出现了利润增长。这种市场影响力的程度是内生的，取决于相邻竞争对手的价格、质量、质量竞争的密度，以及消费者对质量的估值分布。

国际贸易通过提高企业质量密度加剧竞争，从而给价格带来下行压力。即使贸易量很低，这种效应也是质量维度空间竞争的诱因而导致外国企业的进入，也可能对利润和价格产生相当大的影响。

然后，他们在这个均衡模型中研究质量如何进行市场定价。研究表明，高质量产品的相对价格是目的地市场收入的增长函数。因此，他们预测，低质量产品在贫困市场中相对较贵，而高质量产品在富裕市场上相对较贵。此外，研究还表明，如果收入足够高，则依据出口价格为生产市场制定价格，质量也将提高。

接下来，研究质量和消费者偏好作为汇率传递的决定因素。为此，扩大检验价格对生产边际成本变化的反应。他们显示高收入国家质量的汇率传递率在下降，低收入国家质量汇率传递率日益提高。质量影响汇率差异的因素来自市场影响力差异如何影响利润的变动。单个企业传递率不太可能取决于其市场份额，高质量企业占高收入国家市场份额相对较大。

该研究使用欧洲汽车行业的价格和产品属性数据来检验这些预测。具体来说，他们得出了市场定价和汇率传递高度依赖于质量。在这些市场中，出口价格、汽车质量超过国内价格，低价汽车的汇率越高越好。这些关系取决于目的地市场的收入，较高质量的产品在高收入的市场中价格昂贵，而低收入市场质量的汇率传递则下降。他们观察到在五个市场上销售的同一款车型的价格，并关注在不同市场上销售的同一产品相对价格的演变，保持边际成本不变。Auer 等（2012）利用汽车行业分销的性质，通过使用额外的费用来计算分销成本强度信息。

Auer 等（2012）研究包含三个方向的综述文献，即国际贸易中的质量作用文献、国际宏观经济学中的市场定价文献和产业组织中的质量竞争文献。

关于分析的基本动机，为此提供了在国际贸易中质量差异化重要性的实证。现有的研究分析了国际产品周期质量的作用（Flam and Helpman，1987），选择产品和企业进行出口（Hummels and Skiba，2004；Baldwin and Harrigan，2007；Johnson，2012；Kugler and Verhoogen，2012；Crozet et al.，2012；Manova and Zhang，2012）以及净贸易流量的方向和贸易的数量（Linder，1961；Markusen，1986；Bergstrand，1990；Matsuyama，2000）。令人震惊的是，与其在国际贸易领域的普遍重要性相比，质量只受到市场定价的决定因素的影响。

关于市场定价，其重点是偏离一价定律和汇率传递的程度。关于相同产品跨境的价格差异，在研究基础上，将欧洲的地理价格差异与个体产品和服务的特征联系起来，而 Simonovska（2009）实证研究了利润如何影响国民收入。在对微观经济学的批发价格研究中，偏离了一价定律的观点也受到关注（Fitzgerald and Haller，2010；Burstein et al.，2005），检验批发和零售价格的研究同样如此（Gopinath et al.，2010）。

关于一价定律，Auer 等（2014）的贡献是建立特定市场的质量偏好模型，解释如何影响不同质量的产品市场的具体价格差异；也就是说，他们检验了市场定价质量的差异如何取决于市场收入。通过研究分析，得出产品在较高收入市场通常更昂贵的结论（Alessandria and Kaboski，2011；Simonovska，2009；Sauré，2012）。因此他们的研究结果与 Dvir 和 Strasser（2013）的发现相关，在欧洲汽车行业中，汽车是按照国家对其属性的要求定价的。关注质量属性，Auer 等为相关价格和利润的这些具体属性差异提供了理论依据，实证得出的预测在数据中得到支持。

在市场定价的文献中，Auer 等还涉及检验微观数据集中汇率传递程度的研究，特别是为什么跨部门、产品和国家的传递率差异很大。模型扩展了以前的理论结论，在本地分销成本的情况下检验了高质量和汇率传递之间的关系。Auer 和 Chaney（2008）分析了企业如何在完全竞争的市场模型中传递成本变化，特征是在特定市场的分配成本计划中，由于容量限制而在数量上凸起，从而产生可变的利润和依赖质量的传递。Berman 等在 Corsetti 和 Dedola（2005）研究的基础上，建立了一个模型，其中更高生产率企业生产高质量的产品，对当地分销成本高度不敏感，导致质量和传递之间的负相关关系。Antoniades 和 Zaniboni（2013）实证研究表明，零售价格（Antoniades and Zaniboni，2013）和出口价格的汇率传递率在下降。

与这些替代机制相关联的因素（或更准确地说，将其交付给客户所需的技术）也与传递相关联。Auer 和 Sauré（2014）提出的模型中市场特定的质量偏好和与产品之间的特定价格差异相关联的质量偏好不同。因此，他们认为，本身的质量不是促成传递差异的原因，质量与质量需求的相互作用才是。在这方面，除了 Auer 和 Sauré（2014）为以下提供的实证证据外，Chen 和 Juvenal（2016）的研究结果也是值得注意的，研究者提供了详细的实证策略来衡量质量和检验出口价格，这些衡量指标是分配成本，得到汇率传递与质量之间的负相关关系仅在高收入市场上存在。这个特征恰恰与 Auer 等理论的预测相对应。

虽然纵向差异化作为一方面的贸易动机和另一方面的市场定价的决定因素在两个不同的文献中有大量研究，但是企业的市场定价决策的纵向差异化作用只能被认为有限缩小了这一差距，Auer 和 Sauré（2014）借鉴了别人的意见，这是产业组织领域的质量竞争之一，特别是，借鉴了 Mussa 和 Rosen（1978）、Gabszewicz 和 Thisse（1979）以及 Shaked 和 Sutton（1982，1983）的研究成果。在这些研究中，质量差异的产品销往质量差异估值的消费者。具体来说，由于 Auer 等关注垂直差异化的市场，对于以天然寡头垄断为主的技术，他们利用了 Auer 和 Sauré（2014）的封闭经济环境，其中包括许多企业。Auer 和 Sauré 设置的假设是，品质的边际成本在质量上是凸的，这保证了一个平衡的存在，其中可以有多个企业共存，每个销售到严格的总市场的子集为非退化均衡（Zweimüller and Brunner，2010），对这种经济的分析，边际成本在质量上是凸的，从而导致多个企业共存。

Auer 等（2014）将 Auer 和 Sauré（2014）的封闭经济环境纳入具有巨大运输成本贸易的国际经济模式。在这种情况下，这个行业是由一大批企业组成的，每个企业都有独特的品质。每家企业都持有具有一定质量的蓝图，市场影响力超过了小部分消费者。这个市场影响力的程度取决于邻近竞争对手的价格和质量。如果他们允许进行国际贸易，国内企业在质量和贸易方面与进口商竞争从而加剧竞争的程度。然后，Auer 等（2014）在国际贸易质量竞争模型中得出了上述市场定价结论。

Auer 等（2014）在垂直差异化行业中研究企业的市场定价决策，其中包括许多在质量空间上垄断竞争的企业。为此，他们借鉴了产业组织领域质量竞争的文献，并提出了一个质量市场定价模型，一大批人口众多的企业，都产生了独特的品质。国内外企业在质量空间上竞争，并以其收入差异的异质偏好向消费者出售异质产品，因此他们的边际支付意愿随质量增加。

在这个模型的均衡中，他们检验质量如何进行市场定价，焦点是分析生产不同质量产品的企业如何以不同的质量偏好为消费者提供产品。首先表明，与优质产品相比，高品质产品的相对价格是目的地市场收入的增长函数。因此，他们预测，低质量产品在贫困市场中相对较贵，而高质量产品在富裕市场上相对较贵。他们还考察了收入、质量与汇率传递之间的关系。一般来说，Auer 等的理论结果意味着，不是质量本身对企业的市场定价决策至关重要，而是质量与市场对质量需求的相互作用决定市场价格。

Auer 等（2014）还通过欧洲汽车行业的价格和产品属性数据集中对理论的预测进行了检验，得出市场定价和汇率传递确实高度依赖于质量。在这些市场中，出口价格上涨超过国内价格上涨，汽车质量和汇率传递比低质量汽车更大。这些关系取决于目的地市场的收入，即较高收入的市场中较高质量的产品相对较贵，而质量在富裕的市场汇率传递则更易下降。

一些文献实证研究了好的属性如何影响市场定价决策（Dvir and Strasser, 2013; Chen and Juvenal, 2016; Antoniades and Zaniboni, 2013）、相对价格水平和汇率传递方式，发现产品属性与这些属性需求的相互作用确实是最优价格的重要决定因素。

Auer 等（2014）认为，他们建立的框架对国际贸易领域其他方面是有用的。虽然他们将分析集中在关于企业定价决策的新预测上，但与非同质偏好的国际贸易模型相比，他们的模型也产生了新的预测（Fajgelbaum et al., 2011; Foellmi et al., 2010）。具体来说，他们的模型预测是即使交易量很小，贸易也具有强大的竞争性影响，他们还讨论了贸易福利收益与观察进口份额之间的关系（Akorlakis et al., 2012）。最后，他们也研究了这些文献的其他方面，例如国际产品周期或贸易对不平等的影响。

四　汇率波动的质量成本

名义汇率会显著波动。它们通常与其货币价格的经济体的基本面分离。这些事实构成了国际经济的经典难题。如果价格没有完全反应名义汇率的变化，那么由谁承担这么大的不可预测的变化的成本，是外国企业，还是国内企业或国内消费者？ Hellerstein（2008）的研究先对不完全传递的来源进行了新的分析，然后利用该分析重新审视其对社会福利的影响。他开发和估计了一个结构模型，分析特定行业本国货币价格稳定的来源。该模型实现了反事实模拟，量化了企业当地成本构成和加成调整的相对重要性，汇率冲击对价格的不完全传递以及汇率冲击对国内外企业利润和消费者盈余的影响。该模型适用于一个行业的面板数据集，具有 UPC 层面产品的零售和批发价格。他发现制造商和零售商的加成调整可以解释大部分不完全传递，而当地成本构成则解释剩余部分。与国内消费者、国内制造商或国内零售商相比，国外制造商要普遍承受汇率引起的边际成本冲击后更高的成本（或获得更大的收益）。

了解不完全跨国传递的来源对于工业和经济都有重要的影响。关于这些来源的假设及其福利影响的研究，形成了经济学家对国际产品和金融市场基本问题的政策建议。大量关于这种不完全传递的替代来源的福利影响的理论文献论证了这个问题的重要性。早期的实证文献记载了不同设定条件下不完全传递的来源，但往往缺乏数据的支持，虽然有几篇理论文章研究了汇率波动如何影响福利，但并没有公布这些成本的实证研究。此外，Hellerstein 第一个实证检验了四个因素的重要性，分别是制造商的非交易成本和加成调整，零售商的非交易成本和加成调整。在不完全传递中，它有两个目标，即当冲击跨国传递时，在产品层面进行记录，并在结构模型的框架内确定任何不完全传递的来源和福利效应。

Hellerstein 的出发点是特定行业的结构模型，它包括三个要素：需求、成本和均衡条件。首先是估计品牌层面的需求，与供应方无关。确定需求的变异来源是品牌随时间的相对价格发生变化。在供应方面，在外国销售的制造商的成本函数是该制造商成本中的交易和非交易的本地（即特定目的地市场）构成。交易成本与非交易成本之间的区别是由支付这些成本的货币造成的。交易成本是卖方在本国所承担的义务。因此，当以目的地市场货币表示时，它们受到名义汇率变动所引起的冲击。相比之下，非交易成本被定义为不受汇率变动影响的成本。成本被视为不可观察。假设企业作为利润最大化者，行业的市场结构以及关于企业战略行为的特定假设意味着一套一阶条件（First-Order Conditions）。一旦估计了需求方参数，就可以利用这些一阶条件来收回行业的边际成本和利润。基于特定的成本函数，边际成本进一步分解为交易成本和非交易成本。根据这种分解，该模型研究了价格（交易成本、非交易成本和利润）的特定组成部分如何反应汇率变动。因此，价格反应的缺乏归因于加成调整，或归因于当地非交易成本部分的存在。可变利润的识别在很大程度上依赖于估计需求参数，或者需求替代模式。最后一步是量化汇率变动对国内外企业利润和消费者盈余的影响。

该模型使用啤酒行业的数据来进行估计。Hellerstein 研究啤酒市场出于以下几个原因。第一，制成品的价格往往会对汇总数据中的外部成本冲击产生抑制作用，啤酒是研究不完全传递困惑现象的合适选择。第二，自发的出口限制和反倾销制裁等贸易壁垒，扭曲了汽车和纺织等行业的价格制定行为，但啤酒行业很少受到影响。这种模式简化了对于价格惯性的分析。第三，Hellerstein 有一个丰富的面板数据，包括来自 18 个制造商的 40 个月（1991 年 7 月至 1994 年 12 月）的 34 个产品的月度零售和批发价格。观察单一产品的零售价格和批发价格数据是很困难的。这些数据使他能够把不完全传递中的零售商的当地非交易成本作用分离出来。此外，他还对这些数据进行了多种分类，UPC 层面的交易价格和数量，这是基于个别企业的定价行为模型而不是总体价格指数的实证方法。

在福利方面，外国制造商与国内消费者、国内厂商或国内零售商相比，要普遍承担较大的国外成本冲击（或收获更多的利益）。理论研究表明，价格对成本冲击的反应取决于市场需求曲线和成本表。这个发现意味着任何传递结果都可能取决于模型的函数形式假设。Hellerstein 估计了一个非常灵活的需求即随机系数需求系统，并通过检查他的参数估计是否符合行业知识，以及递减回归形式中价格对汇率和当地成本波动的反应，来解决上述问题。在成本方面，他实证分析了啤酒市场上最适合的垂直市场结构（Hellerstein，2004），将价格成本利润与不同垂直模型产生的衍生价格成本利润进行比较，并使用 Villas-Boas（2007）建立非嵌套测试方面。实证研究侧重于分析该行业最适合的垂直市场结构：采用 Bertrand 竞争的标准线性定价模型，制造商设置批发价格，零售商设置零售价格。他们了解到啤酒市场制造商和零售商每年会进行一次合同谈判，规定一年要分配的贸易额和促销数量，并就价格范围在大体上达成一致。很明显，制造商在每个时期都没有设定超市零售商的价格，一般对零售商的行为影响要比他们想象中小。事实上，已经存在许多营销文献试图来解释超市零售商经常违反与制造商的促销协议和口袋促销津贴的现象。因此，零售商对制造商的行为做出反应的假设，似乎是基于行业眼光（Industry Lore）的合理假设。

上述的框架可用于分析各种类型的外部成本冲击的不完全传递，包括生产率冲击、关税征收或其他贸易壁垒、要素价格上涨或名义汇率变动现象。Hellerstein 解释，外国企业的边际成本冲击是由双边名义汇率变化引起的。该模型假设外国制造商以自己国家的货币进行边际成本酿造、瓶装和运送啤酒。在本国货币定价之前，他们观察到名义汇率的变现价值，并假设任何汇率变动在一个月的抽样期内都是具有外生性和永久性。一个关键的识别假设是，在短期内，名义汇率波动与制造商边际成本的其他变动因素相关，如要素价格变动。此外，该模型所提供的汇率数据，表明该模型对样本的外国品牌可以很好地捕获他们观察到的名义汇率变动。

反事实模拟产生了关于不完全传递的四个主要方面。第一，制造商和零售商的成本加成调整大约占不完全传递的一半，当地成本构成占另一半。该模型包括两个成本加成调整来源（制造商和零售商）。制造商利润的大幅度调整使零售商的利润或非交易成本几乎没有机会在不完全传递中发挥作用，因为大多数汇率冲击在达到该分销链的零售水平时会消失。第二，在名义汇率发生变化后，外国制造商普遍要比消费者或国内制造商和零售商承担更大的社会福利成本。例如，随着美元兑墨西哥比索贬值10%，美国国内制造商利润不变，消费者盈余下降2.7%，零售商利润下降1.6%，墨西哥制造商利润下降近20%。第三，早期的跨国传递研究没有模拟零售商的定价决策，因此非直接地假设制造商与下游企业的互动并不重要。Hellerstein 的研究结果表明，零售商能发挥重要作用，可以在到达消费者前，承担部分汇率引发的边际成本冲击（约10个百分点）。文献中很常见关于零售商作为传递中介机构的假设，这可能会对不完全传递非交易成本在向上偏移过程中的作用进行估计。第四，结果表明，随着美元贬值的发生，不受汇率变动和国内厂商进口竞争影响的外国制造商之间会存在战略互动，并受到国外厂商的影响。随着美元贬值，制造商与接近代替的品牌会影响外国品牌来增加利润并通过降低利润，从外国制造商那里获得市场份额。对于外国制造商来说，缩减的利润带来的压力正如其国外竞争者所面临的国内货币贬值造成的成本上升的压力。竞争对手的制造商可以全面传递成本冲击来实现利润最大化。

Hellerstein 关于本国货币价格稳定来源的两篇文献，提出了不同的建模方法。最著名的实证贸易文献是 Goldberg 和 Verboven（2001），他们将本国货币价格惯性归因于当地成本组成和企业加成调整。Burstein 等（2005），Goldberg 和 Campa（2006）以及 Corsetti 和 Dedola（2005），将本国货币价格稳定性归因于最终产品价格中当地非贸易成本的份额。Hellerstein 研究的制造商和零售商之间垂直关系的结构模型，可以比以前的模型更可靠地分析不完全传递的原因。它也使人们能够计算局部平衡环境中的汇率冲击的福利效应。它估计了一个具有灵活需求系统的模型，考虑了可变的利润。与目前的大部分贸易和国际宏观经济学文献相比，这些文献依赖于标准的 Dixit-Stiglitz 框架及其不断的需求弹性和利润。

实证框架包含影响分解的两个假设：第一，制造商和零售商连续地和自发地设定价格；第二，当地成本在受到汇率冲击后不会发生变化。关于第一个假设，行业纵向关系的经济模型决定了程序对不完全传递的来源的排序（并因此加权）。然而，关于企业的加成调整对任何不完全传递的贡献，该模型并没有做出先验假设，而是通过 Bertrand-Nash 均衡的估计需求替代模式来进行分析。关于第二个假设，企业地方成本对不完全传递的贡献受到当地成本（主要是分销服务）在受到汇率冲击后不会发生改变的假设的影响。第二个假设是由于美国微观经济生产者价格数据中观察到的分销服务价格调整频率非常低（Nakamura and Steinsson，2008），以及许多国家的大幅汇率贬值（Burstein et al.，2005）。

虽然结构性模型产生了非常丰富的结果，但随着时间的推移，它并不能同时模拟动态。在需求方面，动态可能有两种方式。第一，消费可能是基于习惯，消费者的购买历史可能会影响其当前的购买。这些需求动态可能反过来影响企业的定价行为。Froot 和 Klemperer（1989）认为企业汇率变化的传递取决于他们对于现期和预期的预估。临时变动对于生产者对需求方动态的影响不大，对于企业来说，提高价格可能会在目前以及未来失去顾客，这并不是最佳的选择。现有文献几乎没有实证来支持 Froot 和 Klemperer 强调的暂时和永久性冲击的区别。然而，Hellerstein 不能将结构模型的估计通过弹性与企业或消费者对未来货币流动的期望相关联。第二，消费者可能在销售期间进行贮存，这可能影响其估计需求弹性。从超市购买的大部分啤酒都是在购买后数小时内消耗的，所以消费者贮存并不常见。与洗涤剂或葡萄酒等产品不同，啤酒不能长期储存。一般认为在离开工厂大门 90 天后，啤酒会变质。而且啤酒不是耐用品，不是汽车或家用电器，所以使用静态模型估计传递的问题会更少，消费者购买时要考虑购买时间与其经济条件。由于这些原因，Hellerstein 认为使用结构模型获得的弹性与动态模型获得的真实弹性之间的弹性差异并不大。

第九章　质量与品牌

第一节　质量信息不对称

传递伴随交易所产生的经济信息是市场的一个基本功能。而市场运作的效率主要取决于交易方所获得的经济信息的数量及可靠程度。信息不对称是现代市场经济的基本特征之一，尤其是国际市场，市场主体受语言、文化、商业模式差异的影响，信息不对称更为严重。体现在产品上，最为突出的就是价格和质量信息的不完整。

Akerlof 在 1970 年提出的经典"柠檬市场"（The Market for Lemons）理论是最早从产品质量角度来阐述信息不对称问题的理论。这一理论分析了厂商所掌握的产品质量信息总是比消费者掌握的质量信息多的情况。因此，消费者在不能真实掌握质量信息的次品市场上，只能通过市场的平均价格来购买商品。进而会使优质的商品因为亏损而逐渐被市场淘汰，而劣质的产品会因为其真正价值低于平均价格而使得厂商获利从而被保留下来，最终"柠檬市场"现象会导致次品取代优质商品，市场最终会发生发展停滞甚至消失的悲剧。"柠檬市场"现象描述了不同品牌的同种产品中劣质产品的负外部性。

邓少军、樊红平（2013）研究农产品质量信息不对称和农产品认证问题时提出，根据信息模型，农产品的质量品性可以分为搜寻品特性、经验品特性、信用品特性和修饰品特性。消费者在消费前对农产品质量的信息获取局限于搜寻品特性，即通过直接观察即可得到的质量信息，如颜色、光泽、成熟度、产地等。味道、口感、多汁程度等经验品质量特性，只能通过检验机构获取的药物残留、营养信息等信用质量特性，而且农产品生产过程中的修饰性质量特性如动物福利、有机生产、公平贸易等重要的质量信息往往不能直接传递到消费者处，从而构成严重的质量信息不对称。邓少军、樊红平（2013）认为，质量信息不对称会造成两方面的不利影响，一方面是 Akerlof（1970）所论述的"逆向选择"问题，另一方面则是造成信息优势方（通常是卖方）面临的"道德风险"问题。他们提出应该从降低消费者选择成本、限制生产者机会主义行为、提升农产品品牌价值等方面解决农产品质量信息不对称的问题。

Cabral 和 Hortacsu（2004）利用易趣网（Ebay）的数据来测度网商的信誉问题，发现初次获得不良评价的商家的声誉会立即下降，随之而至的是销售额和销售价格的下降。尽管各方面表现不佳的商家最终会被迫退出市场，但是通常他们会注册新的账号重新上线。商家往往会制作"好评列表"向消费者传递"良好的质量和声誉"信息，而刻意避开通过真实的销售数据来客观反映情况。

在国际贸易领域，Chen 和 Wu（2016）利用阿里巴巴平台上中国 T恤出口企业的数据研究了质量信息不对称的问题。文章通过分析发现，在阿里巴巴平台上，T恤出口数量在少数大型出口商中存在集聚性。此外，出口 T恤的价格与出口商的整体信誉有密切的关系，但是 T恤的出口数量不存在类似的相关性。Chen 和 Wu 认为，这说明商品出口的数量取决于价格以外的因素（质量或者信誉等）。他们还发现，出口商的从业年龄和销售收入的关系相对不明显。这些分析结果揭示了质量信息的不对称，即在互联网平台上，消费者往往不会了解到真实的质量信息，只是通过以往消费者对商品的评价来判断质量的好坏。

第二节　企业品牌与质量传递

消费者在参与商品交易的过程中，被迫接受产品质量信息不对称的现象是十分常见的。然而企业会努力减少这种质量信息不对称的情况的发生，以避免"反向选择"造成的企业利润的损失。常见的方法有：获取质量认证（如 ISO 认证）、发放样品、建立自主品牌、通过贸易中介进行对外贸易以及利用知名品牌为其做贴牌代工生产等。Clougherty 和 Grajek（2014）通过观察 ISO9000 标准在不同国家的执行状况，发现产品质量标准能够发挥信号显示功能从而增强一个国家的产品竞争力，提升企业的出口表现。

不论在管理学领域还是经济学领域，品牌和质量都是密不可分的。20 世纪 80 年代关于对品牌延伸（Brand Stretch）问题的研究就体现了这一点。

Wernerfelt（1988）构建的信号传递模型表明多产品企业的品牌信誉往往是某种产品的质量背书，因而企业可以利用已有商标建立的信誉（品牌影响）快速布局新的同品牌产品，这样做一方面会让人认为新产品同旧产品一样具备高品质；另一方面，消费者对新产品的质量认可会进一步促进其对旧产品消费，最终巩固这种"品牌—质量"纽带。但是，在新产品质量表现不突出的情况下，企业往往会选择注册新的商标，不让这种新产品的质量影响消费者对旧产品的质量感知。Degraba 和 Sullivan（1995）的研究同样发现，好的品牌印象可以帮助企业根据已有的质量水平在新产品的质量上产生溢出效应，此外还可以在其新产品打开市场的过程中有效降低市场引入成本。

Richardson 等（1994）通过对 1564 个消费者进行调查发现，尽管一些外在因素，如商品如何陈列，会影响消费者对零售店品牌的质量判断，但是零售店在推销自有品牌时，相比强调质量导向，强调价格导向是一种次优选择。

从营销学的角度讲，品牌是生产商或经销商加在商品上的一种标志，同时也是消费者对产品及服务的认知程度。Keller 等（1998）从企业和消费者两个角度阐述了品牌的作用。建立品牌对于企业而言，能产生品牌溢价，从而产生产品附加值，并维持较高的产品定价，最终创造利润，同时也能帮助产品建立竞争力，增加公司价值。而对于消费者来说，品牌能够简化消费者购买决策过程，降低消费者购买的选择成本，品牌也是对产品质量的有效保证，能降低购买风险并最终使消费者产生信任和忠诚。

在经济学范畴，品牌是与客户达成的长期利益均衡，从而可以降低消费者选择成本的品类符号。消费者在多次购买某种商品时，当品牌承诺得以实现后，消费者将直接选购，从而使其选择成本降为零。孙曰瑶（2006）指出，品牌能够真正实现降低消费者选择成本的关键是"品牌的信用度"。品牌信用度就是品牌对消费者做出的实现品牌承诺的程度，其中质量承诺是最常见的品牌承诺。对于消费者来说，如果一个品牌长期拥有良好的品牌信用，这往往表明这个品牌的产品质量优良。

任方旭（2011）研究了消费者品牌意识的差异与其对不同质量产品的差异化选择。在家电、化妆品等商品上，消费者的品牌意识往往较强，即倾向于以更贵的价格选择品牌产品以获得质量保障；而对于非重要商品而言，消费者则倾向于购买一般品牌或者没有品牌的质量过关的产品。故而消费者对于不同产品的品牌意识对产品质量有影响。

综合来看，一方面，产品质量是塑造品牌信誉度的重要因素，好的品牌是对消费者做出并实现的"好质量承诺"；另一方面，有信誉的品牌是产品质量信息传递的良好途径，这一点尤其体现在企业进行品牌延伸新产品的过程中。接下来的问题是企业选择建立品牌作为质量传递的途径的成本收益问题。对于企业是否应该选择建立品牌来传递质量信号存在两种对立的观点。一种观点认为品牌是产品差异化最重要的呈现方法，也是企业拥有竞争力的核心，有利于企业长期发展以及企业战略的实现。另一种观点则完全相反。

第三节　区域品牌和区域质量效益

学者对于品牌的研究逐渐从企业角度上升到更为广泛的层次，因而就有了"区域品牌"的说法。根据 Rosenfeld（2002）和 Kavaratzis（2005）的研究，广义的区域品牌可以涵盖原产地品牌（Place of Origin Branding）、国家品牌（National Branding）、地区／城市品牌（Place/City Branding）、集群品牌（Cluster Branding）、目的地品牌（Destination Branding）以及文化和娱乐品牌（Culture/Entertainment Branding）。Dooley 和 Bowie（2005）构建了国家品牌架构图，阐述了产品品牌、企业品牌、地区品牌、产业品牌及国家品牌的金字塔关系，即随着品牌集合程度的提升，区域品牌的数量逐步减少。

从区域的角度看质量问题，一度和原产地（国）（Country of Origin）联系在一起。Bodenhausen 和 Wyer（1985）、Bodenhausen 和 Lichtenstein（1987）的研究发现，消费者在面临纷繁复杂的商品信息时，倾向于用原产国信息代替其他的商品特征指标来对商品的质量等信息做出判断。Han（1986）发现，人们普遍觉得原产地来自工业发达国家的产品质量一般比来自发展中国家的高。Bilkey 和 Nes（1982）也发现这种仅靠原产国信息判断产品质量的现象十分普遍。

Chisik（2003）假设原产国的声誉是内生的，从而使得国别异质性可以通过一国高质量产品生产商的比例来表征。他指出，一个国家的声誉决定了其出口产品的平均质量，也能够用来明确该国所拥有的具有出口优势的产品类型。Chisik 假定企业自行选择产品进行生产，自行决定产品质量和传递质量信息的额外支出，并假设对于高质量产品而言企业这一支出是相对低的，因为存在干扰，所以这些信息不能完全区分高质量产品企业和低质量产品企业，这些质量信息会杂糅在一起反映原产国的质量声誉。传递出高质量信号的企业会更加受益于国家质量声誉的提升，国家声誉的提升也与更多的生产高质量产品的企业密不可分。Chisik 还提出了"声誉比较优势"（Reputational Comparative Advantage），指出国际贸易的模式可以通过这种声誉比较优势来决定。具体而言，当两个国家在各个方面都相似而仅仅拥有不同的原产国质量声誉时，"声誉比较优势"对贸易模式的决定作用甚至超过了科学技术要素。此外他指出，从政策制定角度考虑如何提升原产国质量声誉时，尽管出口许可或者质量认证标识制度能够让高质量产品占据更广泛的市场，获得更多的利益，但是也对低质量商品产生了较大的挤出效应，因而全社会福利不一定能得到提升。正确的政策方向应该是促进技术进步或者提升人力资本积累，直接从降低高质量产品的生产成本入手。

Cagé 和 Rouzet（2015）在研究产品质量难以直接观测到的条件下的企业声誉和国家声誉问题时指出，企业的需求直接由消费者对产品的质量期望（Expected Quality）决定。质量期望受消费者的消费经验和原产国质量声誉所影响，并且这一过程具有动态性。Cagé 和 Rouzet 还发现，在信誉内生的条件下，（质量）信息不对称会导致多重稳定均衡（Multiple Steady-State Equilibria）。在高质量均衡（High Quality Equilibrium）的情况下，所有的出口企业都有生存机会，低质量产品企业可以率先进入市场，然后在一段时间内实现获利并永久退出，高质量产品企业随即进入发展已经相对成熟的市场开始并进行出口。在低质量均衡（Low-Quality Equilibrium）下，市场上只有低质量产品企业和高质量产品企业进行生产，产品质量处于中间水平的企业会因为信息冲突（Informational Friction）而被逐出市场，这时低质量声誉的国家能够持续保持低质低价产品的出口。Cagé 和 Rouzet 进一步提出了"低质量陷阱"（Low-Quality Traps）。正是由于消费者在初次购买商品时只根据原产国的产品质量声誉对同类产品的平均价格进行估计，对产品真实质量的认知往往有一个滞后的过程，因此，产品质量相对较高的企业无法承受产品出口初期由国家"低质量"标签产生的低定价所带来的损失，因而无法在出口市场中生存。而此时能够生存的企业普遍是低质量产品的生产者，反过来又正好印证了"低质量"的产品质量形象。如此反复最终使得一个国家陷入"低质量陷阱"。叶迪、朱林可（2017）研究了"地区质量声誉"。在产品质量信息不对称的条件下，通过 2000～2006 年我国进出口 HS8 位码产品的数据，对于"地区质量声誉"对企业出口表现的影响进行研究发现，以地区为主体的出口产品质量声誉会对企业出口绩效产生显著为正的影响，而且企业出口的产品质量差异化程度越高，这种影响越大。进一步研究发现，"地区质量声誉"对非外资企业、通过贸易中介出口的企业、与出口目的国距离更远的企业以及自身产品质量较低的企业影响更大。除此之外，"地区质量声誉"的提高还有利于产品出口价格的提升。叶迪、朱林可（2017）认为这些证据与"地区质量声誉"在质量信息不对称时有助于企业实现更优秀出口表现的假说相一致。政策方面，叶迪、朱林可（2017）指出，在推动中国出口产品质量升级的过程中，需要提升作为地区公共物品的"地区质量声誉"，需要关注"国家质量声誉"的培育，提升"中国制造"的国际声誉，以避免中国出口陷入"低质量陷阱"。

第十章 制度质量、经济增长与贸易

制度对一国经济增长至关重要。Olson（1996）认为，除了资源稀缺，制度是国家之间出现巨大收入差距的另一原因，拥有最好制度的国家已经发挥了它们的潜能，其他一些国家则只实现了它们潜在收入的很小一部分。和有形物品一样，制度也有质量高低，制度质量指的是制度降低经济决策者的不确定性和提供生产性行为激励的程度。高质量的制度通过降低不确定性和交易成本，提高生产性行为的激励，从而促进经济增长（Berggren et al.，2015）。

传统国际贸易理论将制度视为外生性的，忽略交易成本，认为要素禀赋、生产成本差异、技术差距、规模经济等是贸易利益的来源。自20世纪90年代以来，许多学者受到新制度经济学和内生增长理论的启发，将制度质量纳入国际贸易理论模型来探索制度质量和国际贸易的关系，这些研究发现，国际贸易中既存在交易成本，也存在因交易双方的制度质量差异而产生的摩擦成本，较高的制度质量能够降低国际交易成本，降低摩擦成本，降低交易的不确定性，提高契约执行效率，从而增加一国国际贸易利益。因此，和传统比较优势一样，制度质量差异是一国重要的长期贸易利益来源（Nunn and Trefler，2013）。

尽管大量的文献对制度质量与国际贸易之间的关系进行了细致的研究和探讨，笔者梳理相关文献发现，学术界对二者之间关系的探讨较多地停留在制度质量形成一国宏观贸易比较优势的理论和经验研究上，对于制度质量在微观层面对企业或产品的影响及其作用机制问题的关注较少，且未有较为清晰的结论。此外，制度质量与国际贸易之间的关系是单向的还是双向的至今仍不明晰。有学者认为，对外贸易也能通过多种路径改善一国的制度质量，遗憾的是，尚未有充分的实证研究来支持这一结论。

第一节　制度质量、经济增长、贸易的传导机制

一　制度质量与投资效率

Brunetti 和 Weder（1998）的研究表明，几乎政府治理的各个方面，尤其是法治水平、腐败控制、政治稳定性等都与投资之间存在显著的正相关关系。Mauro（1995）对腐败与投资关系的研究、Knack 和 Keefer（1995）对产权保护与投资关系的研究都得出类似的结论，而投资对贸易具有积极影响（Rodrik，1995）。Grossman 和 Hart（1986）、Hart 和 Moore（1990）认为，契约不完全使得事前投资无法写入契约，且对于特定关系投资而言，资产专用性使得投资方生产的产品难以在市场转卖，丧失外部关系选择。因此，投资方在事后的再谈判过程中较容易面临被"敲竹杠"的风险，最终导致投资无效。而当特定关系投资对生产而言是必要的时候，契约执行效率低下将减少投资，因此，契约执行率高的国家在特定投资较为密集的行业具有比较优势（Nunn，2007）。

二　制度质量与生产率水平

Hall 和 Jones（1999）认为，差的制度质量将降低整体生产率水平。在 Acemoglu 等（2007）构建的模型中，较高程度的契约不完全性将会减少契约性和非契约性投资，抑制技术选择。他们的研究表明，契约不完全程度越高，技术采纳越少。在中间投入品互补性较强的部门，契约不完全性对技术采纳的影响更大，从而造成不同国家之间巨大的生产率水平差异，进而影响国际贸易比较优势。Costinot（2009）的研究同样表明，契约实施环境良好有利于降低交易成本、深化劳动分工和技术吸

收，可以进一步提高一国劳动生产率，而高的绝对生产率水平将会使得该国在复杂行业中更具有比较优势。Olson 等（2000）对发展中国家经济增长的研究发现，较高的政府治理质量对生产率水平提高具有显著的促进作用。制度质量较差会导致生产率低下的国家在国际市场中尤其是出口市场中失去竞争力，从而不利于该国比较优势的形成。

三 制度质量与交易成本

较高的制度质量能够降低国际交易成本，这主要表现在两个方面，一是提高契约执行效率，降低经济治理的不确定性；二是降低国际贸易风险。

首先，较高的制度质量能够降低契约执行和经济治理的不确定性，从而降低国际贸易中的交易成本。Groot 等（2003）认为，这种机制主要通过两种途径起作用，一种是通过提高产权保护强度直接降低交易成本，另一种是通过提高交易过程中的信任水平间接降低交易成本。相较于制度质量差异性较大的交易伙伴，相似制度质量环境中的代理商对贸易伙伴更加信任，贸易双方更熟知对方的正式和非正式规则，因而降低了双方由于不熟悉贸易伙伴而必须付出的调整成本，与交易不确定情形有关的安全保障得到提高。

其次，较高的制度质量能够降低国际贸易风险，从而减少国际贸易中可能产生的损失，降低交易成本。在早期的研究中，Anderson 和 Marcouiller（2002）就贸易制度、安全性风险对贸易的影响进行了探讨。在他们建立的模型中，两个地区既可以利用各自比较优势进行专业化生产和出口也可以实施掠夺性的贸易制度。研究表明，正常的贸易往来能够使双方受益，掠夺性的贸易制度，例如偷窃、官员腐败等不仅增加了国际交易安全性风险，而且其产生的价格加成等同于隐性关税，直接提高了交易成本，导致贸易量减少。除此之外，用来生产的资源也被迫向产权保护转移，增加了国际贸易成本。与安全性风险相比，现代国际贸易中的履约风险更为明显和常见，且直接影响国际交易成本。由于现实中契约的不完全性，履约风险的存在可能直接导致国际贸易损失。因而契约制度质量越差，履约风险越大，国际交易成本越高，进而影响比较优势（刘文革等，2016）。因此，在国际贸易中，进口商和出口商都会采取各自的手段来规避风险，对方国家的法律制度尤其成为一国衡量交易风险的重要依据。进口国制度质量高，则契约执行效率高，进口国信誉较差的代理商违约风险也更小，从而对出口企业的出口持续时间和双方贸易关系的稳定性产生正向影响（Araujo and Ornelas，2007；Aeberhardt et al.，2014；Araujo et al.，2016）。Ranjan 和 Lee（2007）关于不完全契约影响微观产品质量层面的国际贸易履约风险的研究表明，在不完全契约情况下，一个国家法律制度越完善，尤其是对差异化产品而言，行业产品的标准化程度越强，产品发生质量问题的风险也越低。

第二节　从宏观到微观的研究

近年来有关制度质量对经济增长和贸易的影响的研究大致可分为三类。第一类，将制度质量作为一种比较优势，从国家宏观贸易视角，研究制度因素如何影响一国（地区）的国际贸易发展和对外贸易结构；第二类，从微观企业层面，剖析制度质量对企业出口动态、企业参与国际贸易模式的影响；第三类，从微观产品层面，剖析制度质量对产品质量的影响。

一　国家层面的研究

早期的大多数研究集中于制度质量对贸易发展的影响的分析。将制度质量纳入贸易引力模型，考察制度质量以及制度趋同对双边贸易流量的影响，得出制度质量差异是国际贸易中重要的比较优势来源。高质量的制度显著促进贸易规模的扩张，制度质量更加相似的国家（地区）之间的贸易流量也更大。此外，制度质量也能影响一国的贸易结构，提升制度质量尤其是契约制度质量有利于一国出口结构朝复杂产品方向发展；一国制度风险偏好影响该国出口区位选择，进而影响该国贸易地理结构。

（一）　制度质量与对外贸易规模

Srivastava 和 Green（1986）较早将制度因素考虑在内考察双边贸易流量的影响因素。该研究将政治稳定性纳入贸易引力模型后发现，出口国的政治稳定性显著影响其出口贸易额。此后，越来越多的研究将制度质量纳入贸易引力模型，考察制度质量及其他方面对贸易的影响。研究发现，法律、经济以及政治等制度质量对国际贸易都有显著影响。Dollar 和 Kraay（2003）认为，法治水平越高的国家，贸易规模也越大，进而能够更快地推动经济增长。Groot 等（2003）的研究也得出类似的结论，通过将制度质量纳入贸易引力模型，实证考察了制度质量变化对贸易流量的影响以及制度质量差异对双边贸易模式的影响。研究结果表明，无论对进口国还是出口国来说，话语权和问责制、政治稳定性、政府有效性、管制质量、法治水平、腐败控制等制度质量对贸易都有不同程度的正向影响，整体制度质量的提升对贸易流量扩张的影响更为巨大，且制度质量越相似的国家，双边贸易规模越大，制度质量差异若大到一定程度，将对双边贸易规模产生负向影响。潘镇（2006）和魏浩（2010）从国际层面考察制度质量差异对双边贸易流量的影响，也得出了较大的制度质量差异不利于双边贸易往来的结论。

潘向东、廖进中和赖明勇（2005）将制度质量纳入 Frankel 和 Romer（1999）的贸易流量理论模型中，运用 89 个国家和地区的面板数据和广义最小二乘法（GLS）对贸易总额和高技术产品出口额分别进行回归分析。结果显示，一国的贸易政策、黑色市场交易、法律的规范程度和产权保护程度等制度质量对该国的贸易流量具有显著影响，一国的产权保护程度、外资政策、贸易政策和法律规范程度对该国的高技术产品出口具有显著影响。余森杰（2008）把民主进步纳入引力理论模型，利用多种估算方法估计发展中国家民主进步对双边贸易额的影响。实证结果表明，进口国和出口国的民主进步都能显著促进双边贸易的增长。在引入两个新颖的工具变量进行两阶段最小二乘法（2SLS）解决民主进步的内生性问题后的估计结果显示，进口国和出口国的民主进步对贸易增长的贡献更加显著。

（二）制度质量与对外贸易结构

制度质量影响一国的贸易结构主要通过两种途径，一种是通过出口复杂度，高质量制度有利于提高一国复杂产品的出口比例；另一种是通过出口区位选择，从而影响一国的贸易地理结构。

1. 制度质量与出口复杂度

一般来说，不同要素密集的产品的复杂度也存在差异。根据 Nunn（2007）对契约密集行业的定义，契约密集度高的行业多为复杂度较高的资本密集型或技术密集型行业，对制度质量的依赖程度较高。因此，提升一国的制度质量有助于该国的出口结构朝复杂产品方向发现。

相比传统的以最终产品为界限的国际分工模式，在以"价值增值环节"为界限的产品内分工模式下，价值链中的高端生产环节对制度质量要求更高（戴翔、金碚，2014），因为高复杂度的产品生产过程相对复杂，必须配备相对更高的制度质量来保证生产过程的顺利进行（Costinot，2009）。此外，高复杂度的产品交易过程中的不确定性因素也更多，较高的制度质量能够弱化关系专用性投资中的套牢问题，有效监督和保障契约的执行，降低高复杂度产品的生产和交易成本。因此，制度质量更高的国家的契约环境更好，在专业化生产和出口高复杂度产品上具有比较优势（Levchenko，2007；Nunn，2007；Feenstra et al.，2013）。

Moenius 和 Berkowitz（2004）基于高附加值和低附加值的产品复杂度分类的研究表明，较高质量的契约制度和知识产权制度能够通过降低国际交易成本，对高附加值产品的出口规模产生显著影响，但对低附加值产品的出口规模无显著影响。Krishna 和 Levchenko（2013）的研究也都得出了类似的结论。Méon 和 Sekkat（2008）利用跨国面板数据基于制成品出口与非制成品分类的出口结构研究表明，两种类型产品的出口对于制度质量的依赖存在差异。差的制度质量主要抑制制成品的出口能力，对非制成品出口的影响并不显著。Ranjan 和 Lee（2007）发现，契约制度质量是影响一国贸易结构的因素，这种影响效应对同质性产品和异质性产品表现出显著差异。相对于同质性产品，契约制度质量对具有高复杂度的异质性产品的出口影响更大。孙楚仁、王松和赵瑞丽（2014）将制度本身视为一种生产要素，假设较高质量的产品拥有较高的制度质量，并提出了一种新的产品质量的衡量指标，即产品制度密集度（产品的制度含量）。他们利用中国各省份的贸易数据研究了产品密集度和地区出口复杂度。他们发现，从产品种类来看，制度主要影响异质性产品的出口（制度）复杂度。Ara（2013）进行了类似的研究，建立了一个分析南北贸易的李嘉图一般均衡模型，发现对制度质量更为依赖的部门，制度质量的比较优势更为显著，从而使制度质量更高的北方国家在制度密集型产品上更具有出口优势。

　　基于不同复杂度分类的实证研究结果表明，制度质量的完善对提升产品出口复杂度有正向影响，由此影响一国的出口贸易结构。尤其是在国际贸易产品内分工的背景下，提升制度质量有助于改善一国的国际分工地位，在契约密集度高的行业形成比较优势（胡昭玲、张玉，2015）。

2. 制度质量与出口区位选择

Lambsdorff（1998）发现，进口国家的腐败程度影响出口国家的贸易地理结构。比利时、法国、意大利、荷兰和韩国等国家倾向于出口至腐败较严重的国家，而瑞士和马来西亚等国家则倾向于减少与腐败较为严重的国家的贸易往来。这种现象可能是由面对不同政治环境的进口国、出口国之间差异化的贿赂倾向所致。具体而言，当进口国的公共管理和政治体系存在高度腐败时，出口国采取贿赂策略以扩大出口可能更有效，而在一个政治清明的进口国以贿赂策略扩大出口并不是一种有效的手段。谢孟军（2013）将政治制度、经济制度和法律制度纳入贸易引力模型，利用占中国对外贸易额 85% 以上的 35 个国家（或地区）1996～2011 年的面板数据进行部分变量和全变量实证检验，研究制度质量对中国出口贸易区位选择的影响，结果表明，我国的出口贸易对制度质量高的国家（或地区）存在较强偏好，从而认为，制度质量对我国出口贸易的区位选择有着重要的影响。

二 企业层面的研究

（一）制度质量影响企业出口动态

进口国的制度质量、代理商的信誉显著影响企业出口动态和进出口商贸易关系的存续。国际贸易相对于国内贸易，不确定性更大，在贸易的最初阶段，出口企业倾向于和制度质量较高的国家开展贸易活动。但长期来看，有研究认为，就出口持续时间来说，进口国制度质量对企业出口持续时间具有显著的正向影响，而就出口增长来说，进口国制度质量对企业出口增长率具有负向影响。因此，较高的制度质量对于维持长期的贸易增长的作用似乎并不清晰。

Araujo 和 Ornelas（2007）基于不完全契约理论构建了两国家（进口国和出口国）贸易模型，考察进口国制度质量、代理商信誉和企业出口动态之间的关系。模型中，出口企业只能凭借经验了解进口企业的信誉，最终通过代理商将商品出口到国外市场。研究发现，进口国制度质量越高，出口企业出口总量越大，出口时间越长。长期来看，出口企业对进口国代理商的信誉更了解，企业出口量也会更多。Aeberhardt 等（2014）从企业出口风险的视角分析制度质量和企业出口动态之间的关系，也得出了类似的结论。对法国出口企业的研究表明，法律制度质量越高的市场，企业出口至该市场的风险越低，进出口商贸易关系越稳定。Araujo 等（2016）构建理论模型来阐释不同的制度质量如何通过经济代理商信誉影响企业出口持续时间和企业出口增长率。对 1995～

2008 年比利时出口企业进行实证研究发现，贸易的最初阶段，在两个只有契约制度质量存在差异的目标国市场中，出口企业倾向于和契约制度较好的国家保持较大的贸易流量、维持更长时间的贸易关系。然而，在继续和两种目标国市场维持贸易关系的过程中，企业对契约制度较差的目标国市场的出口增长率在上升，对契约制度较好的目标国市场的出口增长率则是降低的。对此，他们认为，对于出口企业来说，契约制度并不是一种固定成本或沉没成本。契约制度影响企业出口动态的基本路径是：随着时间的推移和出口经验的增加，出口企业的出口边际成本在契约制度质量不同的市场中以不同的速度发生变化。对于出口企业来说，如果目标国市场契约实施环境较差，那么信誉较差的代理商的违约概率更大，会很快被淘汰。因此，与出口企业维持长期贸易关系的贸易伙伴都是信誉较高的，出口企业就会不断向信誉好的存留下来的代理商出口更多的产品。如果目标国市场契约实施环境较好，在制度的约束下代理商不敢轻易违约，那么出口企业难以很快辨认出代理商的信誉好坏，也就不敢轻易出口更多的产品给国外代理商。

（二）制度质量影响跨国企业贸易模式

大约有 1/3 的全球贸易属于企业内贸易（Antràs，2003），这一重要现象非传统贸易理论能够解释，新贸易理论认为制度质量差异是国际贸易中重要的比较优势来源，并将制度质量与微观企业动机结合，为解释企业内贸易提供了一个全新的视角。不同类型的产品对中间投入品的需求不同，在最终产品生产商需要定制化中间投入品时，上游供应商将通过专用性投资来生产定制化投入品。当跨国企业所面临的契约制度质量较差时，上游供应商接受生产商委托的激励将降低。这是因为较差的契约制度将使生产商在定制化投入品产出之后的违约成本更低，而定制化投入品的转卖空间小，因此上游供应商的议价能力明显低于生产商，所面临的"敲竹杠"风险也更大，供应商最终往往失去控制权而处于被动地位（Antràs，2003）。因此，跨国企业更倾向于选择企业内贸易模式，避免由于制度环境的不确定性所带来的"敲竹杠"风险。Grossman 和 Helpman（2005）也认为契约制度质量较差的环境不利于特定关系投资的发生，并进一步指出，跨国企业所面临的"敲竹杠"和"反敲竹杠"的风险都会大大增加。因此，制度质量在很大程度上决定了跨国公司是否将产品生产"外包"给他国，从而对跨国企业参与国际贸易模式产生深刻影响。

三 产品层面的研究

贸易产品质量是国家经济发展状况的重要反映（Schott，2004；Khandelwal，2010）。从供给角度讲，收入高的国家出口的产品质量往往也更高。从需求角度讲，国家之间的收入分配差异决定了不同国家需求偏好的异质性，从而影响他们对贸易产品的质量选择（刘伟丽、刘正园，2016）。因此，随着国际贸易研究的不断深入，产品质量的测度方法不断完善，少数学者对制度质量与国际贸易关系的研究开始聚焦微观产品质量。

（一）制度质量与产品复杂度

一国制度质量的高低与出口产品的复杂度正相关。理论研究普遍认为，高复杂度产品对制度质量依赖程度更高，而发达国家制度质量尤其是契约实施环境质量普遍较高，因此，发达国家在高复杂度产品的生产和出口方面有比较优势。

不同行业的产品以及基于不同分类的产品的生产和出口对制度质量的依赖程度不同，制度质量由此对一国的贸易结构尤其是出口结构产生影响。例如，较高的制度质量可通过弱化关系专用性投资中的套牢问题，降低高复杂度产品的生产和交易成本，因此，制度质量高的国家在专业化生产和出口高复杂度产品上具有比较优势（Levchenko，2007；Acemoglu et al.，2008；Nunn，2007）。Moenius 和 Berkowitz（2004）基于复杂产品（高附加值产品）与简单产品（低附加值产品）的分类研究表明，较好的制度尤其是契约制度和知识产权制度能够降低国际交易成本，扩大一国贸易规模。具体来看，制度质量对复杂产品的出口规模具有显著影响，而对简单产品的出口规模无显著影响。因此，制度质量的提升能够使一国生产结构和出口结构向复杂产品转移。Costinot（2009）、Krishna 和 Levchenko（2013）也都得到了类似的结论。对1960~2005 年的 48 个撒哈拉以南非洲地区国家的出口多样性和复杂性的研究表明，作为制度质量的重要衡量指标之一的政府治理质量对于一国出口多样化和复杂化战略的实施具有重要影响。

（二）制度质量与贸易产品质量

从更微观的视角来看，目前有关制度质量与国际贸易关系的研究已经开始关注贸易产品质量。一般认为，发展中国家的民主进步会减少各类贸易壁垒，进而增加该国的进口额，该国也会倾向于进口民主化程度较高的国家的产品。余淼杰（2008）认为，民主化程度较高的国家出口产品的质量也较高。具体来说，一个民主化程度较高的国家通常拥有较为完善的法律体制和消费者保护法规，这种法律体系是市场经济公平、高效运行的基础（Barro，1999）。而公平、竞争性较强的市场的行业监管也越严，从而保证了产品的高质量。相反，制度质量比较低的国家，交易成本较高，市场公平性和竞争性较弱，市场监管不严，易造成市场扭曲（Rodrik，2000），从而影响产品质量。Essaji 和 Fujiwara（2012）在实证上将制度质量对一国比较优势的影响研究拓展到贸易产品质量的维度。通过利用双重差分法分析出口到美国的所有国家的司法质量对产品质量的影响。他们发现，较差的契约制度抑制了一国生产高质量产品的能力，司法质量更高的国家出口的契约密集型产品具有质量优势。他们认为，契约制度不完善将使得关系专用性投资收益的不确定性增加，供应方和产品生产商对提高产品质量的定制化投入的承担意愿都会降低。因此，在那些定制化投入潜力巨大的行业，契约实施制度较差的国家的产品的质量也较低。与 Essaji 和 Fujiwara（2012）仅关注出口产品质量不同，余淼杰、崔晓敏和张睿（2016）从出口和进口两个方面考察了司法质量影响贸易产品质量的经济机制。他们发现，司法质量对一国平均出口产品质量的影响显著。此外，对于司法质量较高的国家来说，与出口的契约密集型产品相比，进口的契约密集型产品更具有质量比较优势。

第三节　研究动向

制度质量为国家或地区之间贸易发展不平衡提供了新的解释，系统梳理国内外相关研究发现，现有研究已从宏观视角的国际贸易流量拓展到微观的贸易产品质量层面。但大多集中于正式制度与国际贸易的关系，关于国际贸易问题中非正式制度的研究仍然较少。通过对国内外关于制度质量和国际贸易文献的梳理，我们可以得出以下结论。

第一，深化和拓展制度质量与国际贸易关系研究需要向更微观的层面深入，尝试探索新的方向和思路。现有研究已经开始从企业层面甚至产品层面分析制度质量对国际贸易的影响。这类研究发现，进口国制度质量对出口国企业的出口持续时间和双方贸易关系的维系、跨国企业参与国际贸易的模式选择都有着不可忽视的影响。有关契约执行质量与国际贸易产品质量的关系研究从更微观的视角提供了制度质量影响国际贸易比较优势的一个新机制。然而总体看来，进口国制度质量是否有利于长期贸易增长，制度质量高的国家是否具有出口高质量产品的比较优势，制度质量通过何种路径影响一国高质量产品的生产和出口还有待未来更多实证研究的考察。

第二，现有研究对于制度质量对国际贸易的影响给予了充分关注，而对于国际贸易对制度质量的影响给予了极少关注。少数研究发现，对外贸易能够通过多种路径改善一国的制度质量（Rodrik et al.，2004；Acemoglu and Robinson，2008；Cheptea，2007；Johnson et al.，2010）。例如，Bhattacharyya（2008）的研究发现，贸易自由化程度的提高可以促进产权保护制度和契约制度的改善。Acemoglu 和 Robinson（2008）提出一种贸易影响制度质量的可能路径，认为贸易发展可以通过扩大中产阶级力量和影响力为制度改革提供可能。这和 Johnson 等（2010）的观点类似，后者认为，贸易流量的扩张可以对经济权力的分配产生深刻影响，扩大中产阶级力量，进而影响政治权力的再分配，从而为一国制度的改善提供可能。然而，贸易对制度质量的影响并不一定是正向的，如果贸易利益落到一小部分精英手中，可能会造成权力更集中，制度质量更差。总体而言，国际贸易对制度质量的影响，未来有待更多的实证研究考察，探寻可能存在的理论机制。

第三，现有研究大多集中于对政治、经济或法律正式制度与国际贸易关系的探讨，对非正式制度与国际贸易关系的关注较少。研究发现，信任、文化传统等非正式制度也是国际贸易的重要影响因素。这些研究发现，总体上的信任水平可以降低交易成本，从而促进贸易量扩张。对于文化传统与贸易的关系，学界存在分歧。曲如晓和韩丽丽（2010）认为，文化异质性能够满足多样化的消费偏好，所以文化差异对贸易流量扩张具有促进作用。也有学者认为，文化差异增加了跨国贸易中的搜寻成本、沟通成本、签约成本和监督成本，因而抑制了贸易的增长（Felbermayr and Toubal，2006；Tadesse and White，2010）。阚大学和罗良文（2011）的研究发现，随着文化差异的增长，双边贸易流量呈现先上升后下降的趋势，即文化差异与贸易流量关系曲线呈倒 U 型。Lankhuizen 和 Groot（2016）对 2000 年的双边贸易数据的实证分析证实了这一结论，只有当文化差异越过某一临界值时，双边贸易流量才会随着文化差异的扩大而减少。因而，非正式制度的国际贸易的影响仍然是不明晰的，未来研究应尝试拓展非正式制度与国际贸易关系的研究，丰富非正式制度对国际贸易影响的研究，在理论和实践上产生新的意义。

专业名词中英文对照

绝对优势	Absolute Advantage
逆向选择	Adverse Selection
质量总需求	Aggregate Demand of Quality
阿尔钦 – 艾伦假说	Alchian Allen Hypothesis
阿尔钦 – 艾伦效应 （华盛顿苹果效应）	Alchian-Allen Effect
二元边际	Binary Margin
品牌延伸	Brand Stretch
品牌扩张	Brand Stretching/Brand Extension
特性	Characteristic
广义经济类别分类	Classification by Broad Economic Categories（BEC）
集群品牌	Cluster Branding
比较优势	Comparative Advantage
固定替代弹性	Constant Elasticity of Substitution（CES）
消费束（商品组合）	Consumption Bundle
静态收益	Conventional Gains
国家固定效应	Country-Year Fixed Effects
创造性破坏	Creative Destruction
数据包络分析和三参数方法	Data Envelopment Analysis and Three Parametric Methods

出口决策	Decision to Export
需求解释变量	Demand Shifter
阻碍效应	Discouragement Effect
前沿距离模型	Distance-to-the-Frontier Model
迪克西特－斯蒂格利茨模型	Dixit-Stiglitz Model
动态收益	Dynamic Gains
动态一般均衡	Dynamic General-Equilibrium
效率分类	Effciency Sorting
企业规模－工资效应	Employer Size-Wage Effect
内生性成本加成	Endogenous Markups
内生性质量	Endogenous Quality
内生质量模型	Endogenous-Quality Models
实体	Entity；Item
逃避进入效应	Escape-Entry Effect
预期质量	Expected Quality
出口密集度	Export Intensity
出口复杂度	Export Sophistication
出口零点	Export Zeros
扩展边际	Extensive Margin
外在线索	Extrinsic Cues
最终产品	Final Goods
一阶条件	First-Order Conditions
适目的性	Fitness for Purpose
适用性	Fitness for Use
固定准入成本	Fixed Entry Cost
柔性制造	Flexible Manufacturing
对外直接投资	Foreign Direct Investment（FDI）
赫克歇尔－俄林理论	Heckscher-Ohlin（H-O）Theory

异质性	Heterogeneity
异质企业	Heterogeneous Firm
异质企业贸易模型	Heterogeneous-Firm Trade Model
异质性企业贸易理论	Heterogeneous-Firm Trade Theory
高质量均衡	High Quality Equilibrium
较高估值的消费者	Higher Valuation Consumers
敲竹杠	Hold-Up
同质性质量	Homogeneous Quality
同位似需求	Homothetic Demand
同质性	Homotheticities
水平对外直接投资	Horizontal FDI
水平创新	Horizontal Innovation
海关协调编码	HS
"冰山"运输成本	Iceberg Transport Cost
进口密集度	Import Intensity
在位企业	Incumbent
指数	Index Numbers
产业组织	Industrial Organization
行业眼光	Industry Lore
产业升级	Industry Upgrading
创新积极性	Innovation Incentives
投入价格	Input Price
投入产出法	Input-Output Method
投入产出表	Input-Output Table
工具变量估计	Instrumental Variables Estimation
集约边际	Intensive Margin
产业间贸易	Inter-Industry Trade
中间投入品	Intermediate Inputs

中间产品	Intermediate Product
国际定价模型	International Price Setting
产业内贸易	Intra-Industry Trade
内在线索	Intrinsic Cues
计价货币	Invoice Currency
同构	Isomorphic
进口学习效应	Learning-by-Importing
生命周期	Life Cycle
林德尔假说	Linder Hypothesis
线性需求体系	Linear Demand System
当地成本	Local Costs
本国货币	Local Currency
本国货币定价	Local-Currency Pricing（LCP）
对数超模	Log-Supermodular
质量偏好	Love for Quality
低工资竞争	Low Wage Competition
低质量均衡	Low-Quality Equilibrium
低质量陷阱	Low-Quality Traps
规模	Magnitude
市场新颖性	Market Newness
市场影响力	Market Power
营销资源适应性	Marketing Resource Fit
马尔可夫完美均衡	Markov Perfect Equilibrium
成本加成	Markup
加成调节	Markup Adjustment
马歇尔第二需求定律	Marshall's Second Law of Demand
匹配	Matching
菜单成本	Menu Costs

正面需求冲击	Positive Demand Shocks
价格降低效应	Price-Depressing Effect
价格提高效应	Price-Increasing Effect
市场定价	Pricing-to-Market（PTM）
自有品牌	Private Brand
过程生产率	Process Productivity
生产者货币定价	Producer-Currency Pricing（PCP）
产品差异化	Product Differentiation
产品同质性	Product Homogeneity
产品线	Product Lines
产品组合重新分配	Product Mix Reallocation
产品生产率	Product Productivity
产品种类	Product Variety
产品市场竞争	Production Market Competition（PMC）
成产率	Productivity
生产率分布	Productivity Distribution
产品固定效应	Product-Year Fixed Effects
"就近集中取舍"效应	Proximity-Concentration Trade-off Effect
国内价格	Pure Price
质量术语	Quality Vocabulary
质量竞争品	Quality Competition Goods
质量成分	Quality Composition
质量异质性	Quality Heterogeneity
质量异质企业贸易模型	Quality Heterogeneous Firm Model（QHFM）
质量信息不对称	Quality Information Asymmetry
质量阶梯	Quality Ladder
质量管理和质量保证 – 术语	Quality Management and Quality Assurance-Vocabulary

质量管理体系－基础和术语	Quality Management Systems-Fundamentals and Vocabulary
质量偏好	Quality Preference
质量声誉	Quality Reputation
质量分类	Quality Sorting
质量分类假说	Quality Sorting Hypothesis
质量升级	Quality Upgrading
质量加权价格	Quality-Adjusted Price
质量偏好效率	Quality-Biased Efficiency
质量互补假说	Quality-Complementarity Hypothesis
数量回扣	Quantity Rebates
真实质量	Real Quality
区域自由贸易协议	Regional Free Trade Agreement
声誉比较优势	Reputational Comparative Advantage
要求	Requirement
研究与开发	Research and Development（R&D）
剩余需求法	Residual Demand Methodology
显示性比较优势	Revealed Competitive Advantage，RCA
熊彼特经济增长理论	Schumpeterian Growth Theory
"熊彼特"式竞争	Schumpeterian's Effect Whereby Competition
选择效应	Selection Effect
出口选择	Selection into Exporting
自我选择	Self-Select
半参数估计	Semi-Parametric Estimation
偏斜效应	Skewness Effect
空间价格歧视	Spatial Price Discrimination
溢出效应	Spillover Effect
国际贸易标准分类方法	Standard International Trade Classification

随机边界	Stochastic Frontiers
关税削减	Tariff Reductions
技术新颖性	Technological Newness
技术资源适应性	Technological Resource Fit
独占效应	The Appropriability Effect
逃避竞争效应	The Escape Competition Effect
贸易开放	The Exposure to Trade
首因效应	The First Effect
一价定律	The Law of One Price
非单调关系	The Nonmonotonic Relationship
全要素生产率	Total Factor Productivity（TFP）
全面质量控制	Total Quality Control（TQC）
韧性	Toughness
贸易强度	Trade Intensities
单位价值	Unit Value
垂直创新	Vertical Innovation
产品垂直差异性	Vertical Product Differentiation
垂直专业化	Vertical Specialization
垂直差异化产品	Vertically-Differentiated Product
福利成本	Welfare Cost

参考文献

鲍晓华、金毓：《出口质量与生产率进步：收入分配的影响力》，《财经研究》2013 年第 8 期。

钞小静、任保平：《中国经济增长质量的时序变化与地区差异分析》，《经济研究》2011 年第 4 期。

陈维涛：《贸易自由化、进口竞争与中国工业行业技术复杂度》，《国际贸易问题》2017 年第 1 期。

陈勇兵、陈宇媚、周世民：《贸易成本、企业出口动态与出口增长的二元边际——基于中国出口企业微观数据：2000—2005》，《经济学》（季刊）2012 年第 3 期。

楚明钦、陈启斐：《中间品进口、技术进步与出口升级》，《国际贸易问题》2013 年第 6 期。

戴翔、金碚：《产品内分工、制度质量与出口技术复杂度》，《经济研究》2014 年第 7 期。

戴翔：《中国制成品出口技术含量升级的经济效应——基于省际面板数据的实证分析》，《经济学家》2010 年第 9 期。

邓少军、樊红平：《农产品质量安全信息不对称与农产品认证》，《中国农业资源与区划》2013 年第 1 期。

杜威剑、李梦洁：《目的国市场收入分配与出口产品质量——基于中国企业层面的实证检验》，《当代财经》2015 年第 10 期。

樊纲、关志雄、姚枝仲：《国际贸易结构分析：贸易品的技术分布》，《经济研究》2006 年第 8 期。

樊海潮、郭光远：《出口价格、出口质量与生产率间的关系：中国的证据》，《世界经济》2015 年第 2 期。

郭克莎：《质量经济学概论》，广东人民出版社，1992。

胡昭玲、张玉：《制度质量改进能否提升价值链分工地位？》，《世界经济研究》2015 年第 8 期。

黄兰萍：《工业企业质量动力机制探讨》，《中国工业经济》1997 年第 3 期。

黄晓勇、刘伟、温菲：《西部地区产业升级的动力机制分析——以重庆市为例》，《管理现代化》2012 年第 5 期。

阚大学、罗良文：《文化差异与我国对外贸易流量的实证研究——基于贸易引力模型》，《中央财经大学学报》2011 年第 7 期。

康志勇：《中间品进口与中国企业出口行为研究："扩展边际"抑或"集约边际"》，《国际贸易问题》2015 年第 9 期。

赖明勇、张新、彭水军、包群：《经济增长的源泉：人力资本、研究开发与技术外溢》，《中国社会科学》2005 年第 2 期。

李方静：《中间产品进口与企业出口质量》，《世界经济研究》2016 年第 10 期。

李怀建、沈坤荣：《出口产品质量的影响因素分析——基于跨国面板数据的检验》，《产业经济研究》2015 年第 6 期。

李坤望、王有鑫：《FDI 促进了中国出口产品质量升级吗？——基于动态面板系统 GMM 方法的研究》，《世界经济研究》2013 第 5 期。

李胜旗、佟家栋：《产品质量、出口目的地市场与企业加成定价》，《国际经贸探索》2016 年第 1 期。

李秀芳、施炳展：《补贴是否提升了企业出口产品质量》，《中南财经政法大学学报》2013 年第 4 期。

刘海洋、林令涛、高璐：《进口中间品与出口产品质量升级：来自微观企业的证据》，《国际贸易问题》2017 年第 2 期。

刘伟丽、陈勇：《中国制造业的产业质量阶梯研究》，《中国工业经济》2012 年第 11 期。

刘伟丽、刘正园:《国际贸易中收入分配与产品质量研究综述》,《国际贸易问题》2016 年第 5 期。

刘伟丽、余淼杰、吕乔:《制造业出口质量升级的跨国比较》,《学术研究》2017 年第 12 期。

刘伟丽、袁畅、曾冬林:《中国制造业出口质量升级的多维研究》,《世界经济研究》2015 年第 2 期。

刘伟丽、郑启明、张涵:《发展中国家制造业出口质量升级研究——基于中国、印度和巴西数据》,《中国工程科学》2015 年第 7 期。

刘伟丽:《国际贸易中的产品质量问题研究》,《国际贸易问题》2011 年第 5 期。

刘卫东、应婧:《基于产品寿命周期的质量成本模型及其分析》,《管理评论》2011 年第 2 期。

刘文革、周方召、肖园园:《不完全契约与国际贸易:一个评述》,《经济研究》2016 年第 11 期。

马述忠、吴国杰:《中间品进口、贸易类型与企业出口产品质量——基于中国企业微观数据的研究》,《数量经济技术经济研究》2016 年第 11 期。

潘向东、廖进中、赖明勇:《经济制度安排、国际贸易与经济增长影响机理的经验研究》,《经济研究》2005 年第 11 期。

潘镇:《制度质量、制度距离与双边贸易》,《中国工业经济》2006 年第 7 期。

曲如晓、韩丽丽:《中国文化商品贸易影响因素的实证研究》,《中国软科学》2010 年第 11 期。

任保平、魏婕、郭晗:《超越数量:质量经济学的范式与标准研究》,人民出版社,2017。

任方旭:《消费品牌意识下的自有品牌产品质量特性的选择》,《华东经济管理》2011 年第 25 期。

邵敏：《出口贸易是否促进了我国劳动生产率的持续增长——基于工业企业微观数据的实证检验》，《数量经济技术经济研究》2012年第2期。

施炳展：《FDI是否提升了本土企业出口产品质量》，《国际商务研究》2015年第2期。

施炳展：《中国企业出口产品质量异质性：测度与事实》，《经济学》（季刊）2013年第1期。

苏振东、洪玉娟、刘璐瑶：《政府生产性补贴是否促进了中国企业出口？——基于制造业企业面板数据的微观计量分析》，《管理世界》2012年第5期。

孙楚仁、王松、赵瑞丽：《制度好的省份会出口制度更密集的产品吗？》，《南开经济研究》2014年第5期。

孙日瑶：《自主创新的品牌经济学研究》，《中国工业经济》2006年第4期。

汪建新、贾圆圆、黄鹏：《国际生产分割、中间投入品进口和出口产品质量》，《财经研究》2015年第4期。

汪建新：《贸易自由化、质量差距与地区出口产品质量升级》，《国际贸易问题》2014年第10期。

王恬、王苍峰：《贸易政策变动对异质性企业生产率的影响——对我国制造业企业数据的实证研究》，《世界经济文汇》2010年第3期。

王恬：《人力资本流动与技术溢出效应——来自我国制造业企业数据的实证研究》，《经济科学》2008年第4期。

魏浩、何晓琳、赵春明：《制度水平、制度差距与发展中国家的对外贸易发展——来自全球31个发展中国家的国际经验》，《南开经济研究》2010年第5期。

文洋：《收入分配对中国进出口贸易的影响》，南开大学博士学位论文，2012。

吴延瑞：《生产率对中国经济增长的贡献：新的估计》，《经济学》

（季刊）2008 年第 3 期。

谢孟军：《基于制度质量视角的我国出口贸易区位选择影响因素研究——扩展引力模型的面板数据实证检验》，《国际贸易问题》2013 年第 6 期。

徐美娜、彭羽：《出口产品质量的国外研究综述》，《国际经贸探索》2014 年第 7 期。

许家云、毛其淋、胡鞍钢：《中间品进口与企业出口产品质量升级：基于中国证据的研究》，《世界经济》2017 年第 3 期。

许明、邓敏：《产品质量与中国出口企业加成率——来自中国制造业企业的证据》，《国际贸易问题》2016 年第 10 期。

叶迪、朱林可：《地区质量声誉与企业出口表现》，《经济研究》2017 年第 6 期。

殷德生：《中国入世以来出口产品质量升级的决定因素与变动趋势》，《财贸经济》2011 年第 11 期。

尹翔硕、俞娟、吴昊：《进口贸易与经济增长——关于中国的实证》，《世界经济文汇》2005 年第 4 期。

余淼杰、崔晓敏、张睿：《司法质量、不完全契约与贸易产品质量》，《金融研究》2016 年第 12 期。

余淼杰：《发展中国家间的民主进步能促进其双边贸易吗——基于引力模型的一个实证研究》，《经济学》（季刊）2008 年第 4 期。

余淼杰：《中国的贸易自由化与制造业企业生产率》，《经济研究》2010 年第 12 期。

约瑟夫·M. 朱兰、约瑟夫·A. 德费欧编《朱兰质量手册》（第六版），中国人民大学出版社，2014。

张杰、郑文平、翟福昕：《中国出口产品质量得到提升了么》，《经济研究》2014 年第 10 期。

赵锦春、谢建国：《收入分配与进口需求：基于我国省际面板数据的门限回归分析》，《国际贸易问题》2013 年第 8 期。

钟建军:《进口中间品质量与中国制造业企业全要素生产率》,《中南财经政法大学学报》2016 年第 3 期。

Acemoglu, D. , Antras, P. , Helpman, E. , "Contracts and Technology Adoption", *American Economic Review*, 97 (3), 2007.

Acemoglu, D. , Robinson, J. A. , "Persistence of Power, Elites and Institutions", *American Economic Review*, 98 (1), 2008.

Acharaya, R. C. , Keller, W. , "Estimating the Productivity Selection and Technology Spillover Effects of Imports", *CEPR Discussion Papers*, 2008

Acharya, R. C. , Keller, W. , "Technology Transfer through Imports", *Canadian Journal of Economics/revue Canadienne Déconomique*, 42 (4), 2009.

Acharya, R. , Jones, R. W. , "Export Quality and Income Distribution in a Small Dependent Economy", *International Review of Economics and Finance*, 10 (4), 2001.

Adam, A. , Margarita, K. M. , Moutos, T. , "Inequality and the Import Demand Function", *CESIFO Working Paper* NO. 2196, 2008.

Adriana Schor, "Heterogeneous Productivity Response to Tariff Reduction. Evidence from Brazilian Manufacturing Firms", *Journal of Development Economics*, 75 (2), 2004.

Aeberhardt, R. , Buono, I. , Fadinger, H. , "Learning, Incomplete Contracts and Export Dynamics: Theory and Evidence from French Firms", *European Economic Review*, 68 (3), 2014.

Aghion, P. , Bloom, N. , Blundell, R. , Griffith, R. , Howitt, P. , "Competition and Innovation: An Inverted U Relationship", *Quarterly Journal of Economics*, 120 (2), 2005.

Aghion, P. , Blundell, R. , Griffith, R. , Howitt, P. , Prantl, S. , "The Effects of Entry on Incumbent Innovation and Productivity", *Review of Economics and Statistics*, 91 (1), 2009.

Aghion, P. , Harris, C. , Howitt, P. , Vickers, J. , "Competition,

Imitation and Growth with Step-by-Step Innovation", *Review of Economic Studies*, 68 (3), 2010.

Aghion, P., Howitt, P., "A Model of Growth Through Creative Destruction", *Econometrica*, 60 (2), 1992.

Aghion, P., Howitt, P., "Appropriate Growth Policy: A Unifying Framework", *Scholarly Articles*, 2005.

Aiginger, K., "The Use of Unit Values to Discriminate between Price and Quality Competition", *Cambridge Journal of Economics*, 1998.

Akerlof, G. A., "The Market for " Lemons ": Quality Uncertainty and the Market Mechanism", *Quarterly Journal of Economics*, 7 (16), 1970.

Alcalá, F., "Specialization Across Goods and Export Quality", *Journal of International Economics*, 98, 2016.

Alchian, A., Allen, W., University Economics. *Cambridge*, *MA*, *US: Wadsworth Publishing Company*, 1964.

Alessandria, G., Kaboski, J. P., "Pricing-to-Market and the Failure of Absolute PPP", *American Economic Journal Macroeconomics*, 3 (1), 2011.

Alexander, D., Lynch, J., Wang, Q., "As Time Goes by: Warm Intentions and Cold Feet for Really New Versus Incrementally New Products", *Journal of Marketing Research*, 16 (16), 2008.

Alexis Antoniades, Nicola Zaniboni, "Retailer Pass-Through and Its Determinants Using Scanner Data", *Mimeo*, 2013.

Ali, A., Krapfel, R., Labahn, D., "Product Innovativeness and Entry Strategy: Impact on Cycle Time and Break-Even Time", *Journal of Product Innovation Management*, 12 (1), 2010.

Altomonte, C., Barattieri, A., Rungi, A., "Import Penetration, Intermediate Inputs and Productivity: Evidence from Italian Firms", *Papers*, 2008.

Amiti, M., Itskhoki, O., Konings, J., "Importers, Exporters, and Exchange Rate Disconnect", *Staff Reports*, 104 (7), 2012.

Amiti, M. , Khandelwal, A. K. , "Import Competition and Quality Up-grading", *Review of Economics and Statistics*, 95 (2), 2013.

Amiti, M. , Konings, J. , "Trade Liberalization, Intermediate Inputs, and Productivity: Evidence from Indonesia", *American Economic Review*, 97 (5), 2007.

Anderson, J. E. , Marcouiller, D. , "Insecurity and the Pattern of Trade: An Empirical Investigation", *Review of Economics & Statistics*, 84 (2), 2002.

Antoine Gervais, "Price, Quality, and International Trade: Theory and Evidence", *Citeseer*, 2009.

Antoniades, A. , "Heterogeneous Firms, Quality and Trade", *Mimeo: Georgetown University*, 2008.

Antoniades, A. , "Heterogeneous Firms, Quality, and Trade", *Journal of International Economics*, 95 (2), 2015.

Antràs, P. , "Firms, Contracts, and Trade Structure", *Quarterly Journal of Economics*, 118 (4), 2003.

Ara, T. , "Institutions as a Source of Comparative Advantage", *Fukushima University Working Paper*, 2013.

Araujo, L. F. , Ornelas, E. , "Trust-Based Trade", *LSE Research Online Documents on Economics*, 2007.

Araujo, L. , Mion, G. , Ornelas, E. , "Institutions and Export Dynamics", *Journal of International Economics*, 98, 2016.

Arkolakis, C. , Costinot, A. , Rodríguez-Clare A. , "New Trade Models, Same Old Gains?", *American Economic Review*, 102 (1), 2012.

Arkolakis, C. , Ganapati, S. , Muendler, M. A. , "The Extensive Margin of Exporting Products: A Firm-Level Analysis", *Social Science Electronic Publishing*, 2010.

Atkeson, A. , Burstein A. , "Pricing-to-Market, Trade Costs and International Relative Prices", *American Economic Review*, 98 (5), 2008.

Atuahene-Gima, K. , Haiyang, I. , De, Luca, L. , "The Contingent Value of Marketing Strategy Innovativeness for Product Development Performance in Chinese New Technology Ventures", *Industrial Marketing Management*, 35 (3), 2006.

Auer, R. A. , Chaney, T. , Sauré, P. U. , "Quality Pricing-to-Market", *Globalization & Monetary Policy Institute Working Paper*, 2012.

Auer, R. , "Product Heterogeneity, Within-Industry Trade Patterns, and the Home Bias of Consumption", *Working Papers*, 2009.

Auer, R. , Chaney, T. , "Cost Pass-Through in a Competitive Model of Pricing-to-Market", *Swiss National Bank Working Papers*, 2008.

Auer, R. A. , Chaney, T. , Sauré, P. , "Quality Pricing-to-Market", *Mimeo*, 2014.

Auer, R. , Sauré, P. U. , "Spatial Competition in Quality", *SSRN Electronic Journal*, 2014.

Augier, P. , Cadot, O. , Dovis, M. , "Imports and TFP at the Firm Level: The Role of Absorptive Capacity", *Canadian Journal of Economics*, 46 (3), 2013.

Aw, B. Y. , Roberts, M. J. , "Measuring Quality Change in Quota-Constrained Import Markets: The Case of U. S. Footwear", *Journal of International Economics*, 21 (1), 1996.

Bacchetta, P. , Wincoop, E. V. , "A Theory of the Currency Denomination of International Trade", *Journal of International Economics*, 67 (2), 2001.

Bagwell, K. , Staiger, R. W. , "What Do Trade Negotiators Negotiate About? Empirical Evidence from the World Trade Organization", *American Economic Review*, 101 (4), 2011.

Balassa, B. , "The Purchasing-Power Parity Doctrine: A Reappraisal", *Journal of Political Economy*, 72 (6), 1964.

Baldwin, R. E. , Harrigan, J. , "Zeros, Quality and Space", *American Economic Journal Microeconomics*, 3 (2), 2007.

Baldwin, R. E. , Harrigan, J. , "Zeros, Quality and Space: Trade Theory and Trade Evidence", *NBER Working Paper* No. 13214, 2007.

Baldwin, R. E. , Ito, T. , "Quality Competition Versus Price Competition Goods: An Empirical Classification", *Journal of Economic Integration*, 26 (1), 2011.

Baldwin, R. , "Hysteresis in Import Prices: The Beachhead Effect", *American Economic Review*, 78 (4), 1988.

Barney, R. , Bingham, F. , "Balancing Product Quality, Costs, and Profits", *Industrial Marketing Management*, 18 (4), 1989.

Barro, R. J. , "The Determinants of Democracy", *Journal of Political Economy*, 107 (S6), 1999.

Bas, M. , Strauss-Kahn, V. , "Does Importing More Inputs Raise Exports? Firm-Level Evidence from France", *Review of World Economics*, 150 (2), 2014.

Bas, M. , Strauss-Kahn, V. , "Input-trade Liberalization, Export Prices and Quality Upgrading", *Journal of International Economics*, 95, 2015.

Bas, M. , Strauss-Kahn, V. , "Input-Trade Liberalization, Export Prices and Quality Upgrading", *Journal of International Economics*, 95 (2), 2015.

Basile, R. , Nardis, S. D. , Girardi, A. , "Pricing to Market, Firm Heterogeneity and the Role of Quality", *Review of World Economics*, 148 (4), 2012.

Bastos, P. , Silva, J. , "The Quality of a Firm's Exports: Where You Export to Matters", *Journal of International Economics*, 82 (2), 2010.

Bastos, P. , Straume, O. , "Globalization, Product Differentiation, and Wage Inequality", *Canadian Journal of Economics*, 45 (3), 2012.

Bastos, Paulo, Odd Straume, "Globalization, Product Differentiation, and Wage Inequality", *Canadian Journal of Economics*, 45 (3), 2012.

Bekkers, E., Francois, J., Manchin, M., "Import Prices, Income, and Inequality", *European Economic Review*, 56 (4), 2012.

Berggren, N., Bergh, A., Bjørnskov, C., "What Matters for Growth in Europe? Institutions Versus Policies, Quality Versus Instability", *Journal of Economic Policy Reform*, 18 (1), 2015.

Bergin, P. R., Feenstra, R. C., "Pricing-to-Market, Staggered Contracts and Real Exchange Persistence", *Journal of International Economics*, 2001.

Bergsten, C. F., *The Cost of Import Restrictions to American Consumers*. New York: American Importers Association, 1972.

Bergstrand, J. H., "Structural Determinants of Real Exchange Rates and National Price Levels: Some Empirical Evidence", *American Economic Review*, 81 (1), 1991.

Bergstrand, J. H., "The Heckscher-Ohlin-Samuelson Model, The Linder Hypothesis and the Determinants of Bilateral Intra-Industry Trade", *Economic Journal*, 100 (403), 1990.

Berkowitz, D., Moenius, J., Pistor, K., "Trade, Law, and Product Complexity", *Review of Economics and Statistics*, 88 (2), 2006.

Berman N, Martin P, Mayer T., "How Do Different Exporters React to Exchange Rate Changes", *Empirical Economics*, 127 (1), 2009.

Berman, N., Martin, P., Mayer, T., "How Do Different Exporters React to Exchange Rate Changes?", *Quarterly Journal of Economics*, 127 (1), 2012.

Bernard, A. B., Eaton, J., Jensen, J. B., Kortum, S., "Plants and Productivity in International Trade", *American Economic Review*, 93 (4), 2003.

Bernard, A. B., Jensen, J. B., "Exporters, Skill Upgrading and the Wage Gap", *Journal of International Economics*, 42 (12), 1994.

Bernard, A. B., Jensen, J. B., Redding, S. J., Schott, P. K.,

"The Empirics of Firm Heterogeneity and International Trade", *Social Science Electronic Publishing*, 4 (1), 2011.

Bernard, A. B. , Redding, S. J. , Schott, P. K. , "Multiple-Product Firms and Product Switching", *American Economic Review*, 100 (1), 2010.

Bernard, A. B. , Redding, S. J. , Schott, P. K. , "Multi-Product Firms and Trade Liberalization", *Society for Economic Dynamics*, 2007.

Bernard, A. B. , Redding, S. J. , Schott, P. K. , "Multi-product Firms and Trade Liberalization", *Meeting Papers*, 126 (3), 2006.

Bernard, A. B. , Redding, S. J. , Schott, P. K. , "Multi-Product Firms and Trade Liberalization", *The Quarterly Journal of Economics*, 126 (3), 2011.

Bernasconi, C. , "New Evidence for the Linder Hypothesis and the Two Extensive Margins of Trade", https://www. researchgate. net/publication/ 228356447_New_Evidence_for_the_Linder_Hypothesis_and_the_two_Extensive_Margins_of_Trade, 2009.

Bernini, M. , Guillou, S. , Bellone, F. , "Financial Leverage and Export Quality: Evidence from France", *Journal of Banking & Finance*, 59 (6), 2015.

Bernini, M. , Tomasi, C. , "Exchange Rate Pass-Through and Product Heterogeneity: Does Quality Matter on the Import Side?", *European Economic Review*, 77, 2015.

Berry, S. T. , "Estimating Discrete-choice Models of Product Differentiation", *Rand Journal of Economics*, 25 (2), 1994.

Berry, S. , Waldfogel, J. , "Product Quality and Market Size", *Journal of Industrial Economics*, 58 (1), 2010.

Berry, S. T. , "Estimating Discrete-Choice Models of Product Differentiation", *Rand Journal of Economics*, 25 (2), 1994.

Betts, C. , Devereux, M. , "The Exchange Rate in a Model of Pricing to Market", *European Economic Review*, 40 (3 – 5), 1996.

Bhagwati, J. N. , "Why are Services Cheaper in the Poor Countries", *Economic Journal*, 94 (374), 1984.

Bhattacharyya, S. , "Trade Liberalization and Institutional Development", *Journal of Policy Modeling*, 34 (2), 2008.

Biesebroeck, J. V. , "Revisiting Some Productivity Debates", *NBER Working Papers*, 2003.

Bilkey, W. J. , Nes, E. , "Country-Of-Origin Effects on Product Evaluations", *Journal of International Business Studies*, 13 (1), 1982.

Bils, M. , Klenow, P. J. , "Quantifying Quality Growth", *American Economic Review*, 91 (4), 2001.

Bin, Xu. , "The Sophistication of Exports: Is China Special?", *China Economic Review*, 21 (3), 2010.

Blalock, G. , Veloso, F. M. , "Imports, Productivity Growth, and Supply Chain Learning", *World Development*, 35 (7), 2007.

Blundell, R. , Griffith, R. , Van Reenen, J. , "Market Share, Market Value and Innovation in a Panel of British Manufacturing Firms", *Review of Economic Studies*, 66 (3), 1999.

Bodenhausen, G. V. , Lichtenstein, M. , "Social Stereotypes and Information-Processing Strategies: The Impact of Task Complexity", *Journal of Personality & Social Psychology*, 1987.

Bodenhausen, G. V. , Wyer, R. S. , "Effects of Stereotypes in Decision Making and Information-Processing Strategies", *Journal of Personality & Social Psychology*, 48 (2), 1985.

Bohman, H. , Nilsson, D. , "Income Inequality as a Determinant of Trade Flows", *Working Paper Series in Economics and Institutions of Innovation*, 2006.

Boorstein, R. , Feenstra, R. C. , "Quality Upgrading and Its Welfare Cost in U. S. Steel Imports, 1969 – 74", *NBER Working Papers*, 1987.

Bouakez, H. , Rebei, N. , "Has Exchange Rate Pass-Through Really Declined? Evidence from Canada", *Journal of International Economics*, 75 (2), 2008.

Brambilla, I. , Lederman, D. , Porto, G. , "The Quality of Trade: Exports, Export Destinations, and Wages", *Working Paper*, 2009.

Broda, C. , Limão, N. , Weinstein, D. E. , "Optimal Tariffs and Market Power: The Evidence", *American Economic Review*, 98 (5), 2008.

Broda, C. , Weinstein, D. E. , "Globalization and the Gains from Variety", *The Quarterly Journal of Economics*, 121 (2), 2006.

Brown, C. , Medoff, J. , "The Employer Size-Wage Effect", *Journal of Political Economy*, 97 (5), 1989.

Brucks, M. , Zeithaml, V. A. , Naylor, G. , "Price and Brand Names as Indicators of Quality Dimensions for Consumer Durables", *Journal of the Academy of Marketing Science*, 28 (3), 2000.

Brunetti, A. , Weder, B. , "Investment and Institutional Uncertainty: A Comparative Study of Different Uncertainty Measures", *Weltwirtschaftliches Archiv*, 134 (3), 1998.

Burstein, A. T. , Neves, J. C. , Rebelo, S. , "Distribution Costs and Real Exchange Rate Dynamics During Exchange-Rate-Based Stabilizations", *Journal of Monetary Economics*, 50 (6), 2000.

Burstein, A. , Eichenbaum, M. , Rebelo, S. , "Large Devaluations and the Real Exchange Rate", *Journal of Political Economy*, 113 (4), 2005.

Bustos, P. , "Trade Liberalization, Exports and Technology Upgrading: Evidence on the Impact of MERCOSUR on Argentinean Firms", *American Economic Review*, 101 (1), 2011.

Cabral, L. M. B. , Hortacsu, A. , "The Dynamics of Seller Reputation: Theory and Evidence from Ebay", *Social Science Electronic Publishing*, 2004.

Cabrales, A. , Motta, M. , Thisse, J. F. , "On the Persistence of Leadership or Leapfrogging in International Trade", https://www.researchgate.net/publication/5008336_On_the_Persistence_of_Leadership_or_Leapfrogging_in_International_Trade, 2015.

Cagé, J., Rouzet, D., "Improving" National Brands ": Reputation for Quality and Export Promotion Strategies", *Journal of International Economics*, 95 (2), 2015.

Campa, J., Goldberg, L. S., "Exchange-Rate Pass-Through into Import Prices", *Review of Economics and Statistics*, 87 (4), 2005.

Chatterjee, A., Dix-Carneiro, R., Vichyanond, J., "Multi-Product Firms and Exchange Rate Fluctuations", *American Economic Journal: Economic Policy*, 5 (2), 2013.

Chatterjee, T., Raychaudhuri, A., "Product Quality, Income Inequality and Market Structure", *Journal of Economic Development*, 29 (1), 2004.

Chen, H., Swenson, D. L., "Multinational Firms and New Chinese Export Transactions", *Canadian Journal of Economics*, 2006.

Chen, M. X., Wu, M., "The Value of Reputation in Trade: Evidence from Alibaba", *Working Papers*, 2016.

Chen, N., Imbs, J., Scott, A., "The Dynamics of Trade and Competition", *Journal of International Economics*, 77 (1), 2009.

Chen, N., Juvenal, L., "Quality, Trade, and Exchange Rate Pass-Through", *Journal of International Economics*, 100 (42), 2016.

Cheptea, A., "Trade Liberalization and Institutional Reforms", *Economics of Transition*, 15 (2), 2007.

Chisik, R., "Export Industry Policy and Reputational Comparative Advantage", *Journal of International Economics*, 59 (2), 2003.

Cho, H. J., Pucik, V., "Relationship between Innovativeness, Quality, Growth, Profitability, and Market Value", *Strategic Management Jour-*

nal, 26 (6), 2005.

Choi, Y. C., Hummels, D., Xiang, C., "Explaining Import Quality: The Role of the Income Distribution", *NBER Working Paper*, No. 12531, 2006.

Choi, Y. C., Hummels, D., Xiang, C., "Explaining Import Quality: The Role of the Income Distribution", *Journal of International Economics*, 78 (2), 2008.

Chu, C. S., Leslie, P., Sorensen, A., "Bundle-Size Pricing as an Approximation to Mixed Bundling", *American Economic Review*, 101 (1), 2011.

Ciani, A., Bartoli, F., "Export Quality Upgrading Under Credit Constraints", *Dice Discussion Papers*, 2015.

Clougherty, J. A., Grajek, M., "International Standards and International Trade: Empirical Evidence from ISO 9000 Diffusion", *International Journal of Industrial Organization*, 36 (2), 2014.

Coe, D. T., Helpman, E., "International R&D Spillovers", *European Economic Review*, 39 (5), 1995.

Coe, D. T., Helpman, E., Hoffmaister, A.,) "North-South R&D Spillover", *Economic Journal*, 107 (440), 1997.

Conway, P., "Economics of the World Trading System", *MIT Press Books*, 1 (2), 2004.

Copeland, B. R., Kotwal, A., "Product Quality and the Theory of Comparative Advantage", *European Economic Review*, 40 (9), 1996.

Corden, W. M., "Trade Policy and Economic Welfare", *Oxford: Clarendon Press*, 1974.

Corsetti, G., Dedola, L., "A Macroeconomic Model of International Price Discrimination", *Journal of International Economics*, 67 (1), 2005.

Costinot, A., "On the Origins of Comparative Advantage", *Journal of International Economics*, 77 (2), 2009.

Creusen, M. E. H. , Schoormans, J. P. L. , "The Different Roles of Product Appearancein Consumer Choice", *Journal of Product Innovation Management*, 22 (1), 2005.

Crinò, R. , Epifani, P. , "Productivity, Quality and Export Behavior", *Development Working Papers*, 2009.

Crinò, R. , Epifani, P. , "Productivity, Quality, and Export Behavior", *Economic Journal*, 122 (565), 2012.

Crozet, M. , Head, K. , Mayer, T. , "Quality Sorting and Trade: Firm-Level Evidence for French Wine", *Review of Economic Studies*, 79 (2), 2012.

Crozet, M. , Head, K. , Mayer, T. , "Quality Sorting and Trade: Firm-level Evidence for French Wine", *CEPR Discussion Papers*, 79 (2), 2009.

Curkovic, S. , Vickery, S. K. , Dröge, C. , "An Empirical Analysis of the Competitive Dimensions of Quality Performance in the Automotive Supply Industry", *International Journal of Operations & Production Management*, 20 (3), 2000.

Curzi, D. , Raimondi, V. , Olper, A. , "Quality Upgrading, Competition and Trade Policy: Evidence from the Agri-Food Sector", *European Review of Agricultural Economics*, 42 (2), 2013.

Dana Jr. , J. D. , Fong, Y. F. , "Product Quality, Reputation, and Market Structure", *International Economic Review*, 52 (4), 2011.

Danneels, E. , Kleinschmidt, E. J. , "Product Innovativeness from the Firm's Perspective: Its Dimensions and Their Relation with Project Selection and performance", *Journal of Product Innovation Management*, 2010.

Das, S. P. , Donnenfeld, S. , "Oligopolistic Competition and International Trade", *Journal of International Economics*, 27 (3 - 4), 1989.

Das, S. , Roberts, M. J. , Tybout, J. R. , "Market Entry Costs, Producer Heterogeneity, and Export Dynamics", *Econometrica*, 75 (3), 2007.

Debereux, M. B. , Engel, C. , "Exchange Rate Pass-Through, Exchange

Rate Volatility, and Exchange Rate Disconnect", *Journal of Monetary Economics*, 49 (5), 2002.

Degraba P, Sullivan M. W. , "Spillover Effects, Cost Savings, R&D and The Use of Brand Extensions", *International Journal of Industrial Organization*, 13 (2), 1995.

Demir, F. B. , " Trading Tasks and Quality", *Banu Demir*, 2011.

Denicolò, V. , Zanchettin, P. , "Competition, Market Selection and Growth", *Economic Journal*, 120 (545), 2010.

Devereux, M. B. , Engel, C. M. , "Endogenous Currency of Price Setting in a Dynamic Open Economy Model", *NBER Working Papers*, 2001.

Dollar, D. , Kraay, A. , "Institutions, Trade, and Growth", *Journal of Monetary Economics*, 50 (1), 2003.

Dooley, G. , Bowie, D. , "Place Brand Architecture: Strategic Management of The Brand Portfolio", *Place Branding*, 1 (4), 2005.

Dornbusch, R. , "Exchange Rates and Prices", *American Economic Review*, 77 (1), 1987.

Drozd, L. A. , Nosal, J. B. , "Understanding International Prices: Customers as Capital", *American Economic Review*, 102 (1), 2012.

Dunne, T. , Jensen, J. , Roberts, M. , "Producer Dynamics: New Evidence from Micro Data", *Mark Roberts*, 31 (29), 2009.

Dvir, E. , Strasser, G. , "Does Marketing Widen Borders? Cross-Country Price Dispersion in the European Car Market", *Social Science Electronic Publishing*, 2013.

Eaton, J. , Kortum, S. , "Technology, Geography, and Trade", *Econometrica*, 70 (5), 2002.

Eckel, C. , Iacovone, L. , Javorcik, B. , Neary, J. P. , "Multi-Product Firms at Home and Away: Cost-Versus Quality-Based Competence", *Journal of International Economics*, 95 (2), 2015.

Eckel, C. , Neary, J. P. , "Multi-Product Firms and Flexible Manufacturing in the Global Economy", *Review of Economic Studies*, 77 (1), 2010.

Engel, C. , "Accounting for U. S. Real Exchange Rate Changes", *Journal of Political Economy*, 107 (3), 1999.

Engel, C. , "Expenditure Switching and Exchange Rate Policy", *NBER Macroeconomics Annual*, 17 ((17), 2002.

Essaji, A. , Fujiwara, K. , "Contracting Institutions and Product Quality", *Journal of Comparative Economics*, 40 (2), 2012.

Ethier, W. , "Internationally Decreasing Costs and World Trade", *The Floating World: Issues in International Trade Theory*, 9, 1979.

Ethier, W. , "National and International Returns to Scale in the Modern Theory of International Trade ", *American Economic Review*, 72 (3), 1982.

Fajgelbaum, P. , Grossman, G. , Helpman, E. , "Income Distribution, Product Quality, and International Trade", *Journal of Political Economy*, 119 (4), 2011.

Falvey, R. E. , "Commercial Policy and Intra-Industry Trade", *Journal of International Economics*, 11 (4), 2006.

Falvey, R. E. , "The Composition of Trade within Import-Restricted Product Categories", *Journal of Political Economy*, 87 (5), 1979.

Falvey, R. , Kierzkowski, H. , "Product Quality, Intra Industry Trade and (Im) Perfect Competition", *Journal of Virology*, 86 (4), 1984.

Falvey, R. , Kierzkowski, H. , "Product Quality, Intra Industry Trade and (Im) Perfect Competition", *Journal of Virology*, 86 (4), 1984.

Fan, H. , Li, Y. , Yeaple, S. , "Imported Intermediate Inputs, Export Prices, and Trade Liberalization", *Journal of Nanjing University of Science & Technology*, 127 (1), 2013.

Fasil, C. B. , Borota, T. , "World Trade Patterns and Prices: The Role of Productivity and Quality Heterogeneity", *Journal of International Economics*, 91 (1), 2013.

Feenstra, R. C. , "New Product Varieties and the Measurement of International Prices", *American Economic Review*, 84 (1), 1994.

Feenstra, R. C. , "Restoring the Product Variety and Pro-Competitive Gains from Trade with Heterogeneous Firms and Bounded Productivity", *NBER Working Papers*, 2014.

Feenstra, R. C. , Gagnon, J. E. , Knetter, M. M. , "Market Share and Exchange Rate Pass-Through in World Automobile Trade", *International Finance Discussion Papers*, 40 (1 – 2), 1993.

Feenstra, R. C. , Hong, C. , Ma, H. , "Contractual Versus Non-Contractual Trade: The Role of Institutions in China", *Journal of Economic Behavior & Organization*, 94 (2), 2013.

Feenstra, R. C. , Romalis, J. , "International Prices and Endogenous Quality", *Quarterly Journal of Economics*, 129 (2), 2011.

Feenstra, R. , C. , "Symmetric Pass-through of Tariffs and Exchange Rates under Imperfect Competition: An Empirical Test", *Journal of International Economics*, 27 (1), 1987.

Feenstra, R. C. , "Voluntary Export Restraints in U. S. Autos, 1980 – 1981: Quality, Employment, and Welfare Effects", *University of Chicago Press*, 22 (8), 1984.

Feenstra, R. , Romalis, J. A. , "Model of Trade with Quality Choice", *University of California*, 2006.

Feigenbaum, A. V. , "Total Quality Control: Engineering and Management", McGraw-Hill, New York, 1961.

Feigenbaum, A. V. , "Total Quality Control", *3rd Edn.* , McGraw-Hill, New York, 1983.

Felbermayr, G. J. , Toubal, F. , "Cultural Proximity and Trade", *Eu-*

ropean Economic Review, 54 (2), 2010.

Feng, L. , Li, Z. , Swenson, D. L. , "The Connection between Imported Intermediate Inputs and Exports: Evidence from Chinese Firms", *NBER Working Papers*, 2012.

Fernandes, A. M. , Paunov, C. , "Does Trade Stimulate Product Quality Upgrading", *Canadian Journal of Economics*, 46 (4), 2013.

Fieler, A. C. , Eslava, M. , Xu D. Y. , "Trade, Skills, and Quality Upgrading: A Theory with Evidence from Colombia", *NBER Working Papers*, 2014.

Fitzgerald, D. , S. Haller, "Pricing-To-Market: Evidence from Plant-Level Prices", *Review of Economic Studies*, 81 (2), 2010.

Flach L, Janeba E. , "Income Inequality and Export Prices Across Countries", *Canadian Journal of Economics/Revue Canadienne DéConomique*, 50 (1), 2013.

Flach, L. , Janeba, E. , "Income Inequality and Export Prices Across Countries", *Cesifo Working Paper*, 2013.

Flam, H. , Helpman, E. , "Vertical Product Differentiation and North-South Trade", *American Economic Review*, 77 (5), 1987.

Flam, H. , Helpman, E. , "Vertical Product Differentiation and North-South Trade", *American Economic Review*, 77 (5), 2001.

Foellmi, R. , Hepenstrick, C. , Zweimuller, J. , "Non-Homothetic Preferences,Parallel Imports and The Extensive Margin of International Trade", *SSRN Electronic Journal*, 22 (7939), 2010.

Fosse, H. B. , "Export Price Response to Exchange Rate Changes", *Mimeo*, 2014.

Foster-Mcgregor, N. , Isaksson, A. , Kaulich, F. , "Importing, Productivity and Absorptive Capacity in Sub-Saharan African Manufacturing and Services Firms", *Open Economies Review*, 27 (1), 2016.

Foster, L. , Haltiwanger, J. , Syverson, C. , "Reallocation, Firm Turn-over, and Efficiency: Selection on Productivity or Profitability", *American Economic Review*, 98 (1), 2008.

Francois, J. F. , Kaplan, S. , "Aggregate Demand Shifts, Income Distribution, and the Linder Hypothesis", *Review of Economics & Statistics*, 78 (2), 1996.

Frankel, J. A. , Romer, D. , "Does Trade Cause Growth?", *American Economic Review*, 89 (3), 1999.

Froot, K. , Klemperer, P. , "Exchange Rate Pass—Through When Market Share Matters", *American Economic Review*, 79 (4), 1989.

Gabaix, X. , "The Granular Origins of Aggregate Fluctuations", *Econometrica*, 79 (3), 2011.

Gabszewicz, J. J. , Thisse, J. F. , "Price Competition, Quality and Income Disparities", *Journal of Economic Theory*, 20 (3), 1979.

Gagnon, J. E. , Knetter, M. M. , "Markup Adjustment and Exchange Rate Fluctuations: Evidence from Panel Data on Automobile Exports", *Journal of International Money and Finance*, 14, 1995.

Garvin, D. A. , "Competing on the Eight Dimensions of Quality", *Harvard Business Review*, 65 (1), 1987.

Gehrels, F. , "An Essay on Trade and Transformation", *American Economic Review*, 52, 1962.

Gene, G. , Helpman, E. , "Quality Ladders in the Theory of Growth", *Review of Economic Studies*, 58, 1991.

Geroski, P. A. , "What Do We Know about Entry?", *International Journal of Industrial Organization*, 13 (4), 1995.

Gervais, A. , "Price, Quality, and International Trade: Theory and Evidence", https://editorialexpress. com/cgi-bin/conference/download. cgi? db_name = NASM2009&paper_id = 869, 2009.

Gervais, A. , "Product Quality and Firm Heterogeneity in International Trade", *Canadian Journal of Economics*, 48 (3), 2015.

Gervais, A. , "Price, Quality, and International Trade: Theory and Evidence", *Citeseer*, 2009.

Giovannini, A. , "Exchange Rates and Traded Goods Prices", *Journal of International Economics*, 24 (1 – 2), 1988.

Glass, A. , "Price Discrimination and Quality Improvement", *The Canadian Journal of Economics*, 34, 2001.

Glass, A. , Wu, X. , "Intellectual Property Rights and Quality Improvement", *Journal of Development Economics*, 82, 2007.

Goldberg, L. S. , Campa, J. M. , "Distribution Margins, Imported Inputs, and the Insensitivity of the CPI to Exchange Rates", Social Science Electronic Publishing, 2006.

Goldberg, P. K. , Khandelwal, A. K. , Pavcnik, N. , Topalova, P. , "Imported Intermediate Inputs and Domestic Product Growth: Evidence from India", *Quarterly Journal of Economics*, 125 (4), 2010.

Goldberg, P. K. , Knetter, M. M. , "Goods Prices and Exchange Rates: What Have We Learned?", *Journal of Economic Literature*, 35 (3), 1997.

Goldberg, P. K. , Verboven, F. , "The Evolution of Price Dispersion in the European Car Market", *Review of Economic Studies*, 68 (4), 2001.

Goldfajn, I. , Werlang, S. R. D. C. , "The Pass-Through from Depreciation to Inflation: A Panel Study", *Research Department*, 2000.

Gopinath, G. , Itskhoki, O. , Rigobon, R. , "Currency Choice and Exchange Rate Pass-Through", *American Economic Review*, 100 (1), 2010.

Gopinath, G. , Neiman, B. , "Trade Adjustment and Productivity in Large Crises", *American Economic Review*, 104 (3), 2011.

Gopinath, G. , O. Itskhoki, "Frequency of Price Adjustment and Pass-Through", *Quarterly Journal of Economics*, 125 (2), 2010.

Gopinath, G. , Rigobon, R. , "Sticky Borders", *Quarterly Journal of Economics*, 123 (2), 2008.

Gourville, J. T. , "Eager Sellers and Stony Buyers: Understanding the Psychology of New-Product Adoption ", *Harvard Business Review*, 84 (6), 2006.

Groot, H. L. F. D. , Linders, G. J. , Rietveld, P. , Subramanian, U. , "The Institutional Determinants of Bilateral Trade Patterns", *Ersa Conference Papers*, 2003.

Grossman, G. M. , Helpman, E. , "Trade, Knowledge Spillovers, and Growth", *European Economic Review*, 35 (2 – 3), 1991.

Grossman, G. M. , Helpman, E. , "Outsourcing in a Global Economy", *Review of Economic Studies*, 72 (1), 2005.

Grossman, S. , Hart, O. , "The Costs and Benefits of Ownership: A Theory of Vertical and Lateral Integration", *Journal of Political Economy*, 94 (4), 1986.

Hall, R. E. , Jones, C. I. , "Why Do Some Countries Produce So Much More Output Per Worker Than Others? ", *NBER Working Papers*, 114 (1), 1999.

Hallak, J. C. , "Product Quality and the Direction of Trade", *Journal of International Economics*, 68 (1), 2006.

Hallak, J. C. , Sivadasan, J. , "Product and Process Productivity: Implications for Quality Choice and Conditional Exporter Premia", *Journal of International Economics*, 91 (1), 2013.

Hallak, J. C. , Sivadasan, J. , "Firms' Exporting Behavior under Quality Constraints", *Social Science Electronic Publishing*, 2009.

Hallak, J. C. , "A Product-Quality View of the Linder Hypothesis", *Social Science Electronic Publishing*, 92 (3), 2006.

Hallak, J. , Schott, P. K. , "Estimating Cross-Country Differences in

Product Quality", *Quarterly Journal of Economics*, 126 (1), 2011.

Hallak, J. C. , Schott, P. K. , "Estimating Cross-Country Differences in Product Quality", *NBER Working Paper* 13807, 2008.

Halpern, L. , Koren, M. , Szeidl, A. , "Imported Inputs and Productivity", *CEFIG Working Papers*, 105 (8), 2011.

Halpern, L, Koren, M. , Szeidl, A. , "Imported Inputs and Productivity", *CEFIG Working Papers*, 105 (8), 2015.

Han, C. M. "Country-of-origin Effects for Uni-national and Bi-national Products: Information Integration Perspective". *University Microfilms International*, 18 (18), 1986.

Hanson, G. H. , Harrison, A. , "Trade Liberalization and Wage Inequality in Mexico", *Industrial and Labor Relations Review*, 52 (2), 1999.

Harding, T. , Javorcik, B. S. , "Foreign Direct Investment and Export Upgrading", *Review of Economics & Statistics*, 94 (4), 2012.

Harrison, Ann, E. , "Productivity, Imperfect Competition and Trade Reform: Theory and Evidence", *Journal of International Economics*, 35 (1 – 2), 1994.

Hart, O. , Moore, J. , "Property Rights and Nature of the Firm", *Journal of Political Economy*, 98 (6), 1990.

Haruyama, T. , Zhao, L. , "Trade and Firm Heterogeneity in a Quality-Ladder Model of Growth", *Discussion Paper*, 2008.

Hausman, R. , Hwang, J. , Rodrik, D. , "What You Export Matters", *Journal of Economic Growth*, 12 (1), 2007.

Hausman, R. , Hwang, J. , Rodrik, D. , "What You Export Matters", *NBER Working Paper* No. 11905, 2006.

Helble, M. C. , Okubo, T. , "Heterogeneous Quality Firms and Trade Costs", *World Bank Policy Research Working Paper* No. 4550, 2008.

Hellerstein, R. , "Empirical Essays on Vertical Contracts, Exchange

Rates, and Monetary Policy", *U. C. Berkeley Ph. D. Dissertation*, 2004.

Hellerstein, R. , "Who Bears the Cost of a Change in the Exchange Rate? Pass-Through Accounting in the Case of Beer", *Journal of International Economics*, 76 (1), 2008.

Helpman, E. , Krugman, P. R. , "Market Structure and Foreign Trade: Increasing Returns, Imperfect Competition and International Trade", *MIT Press Books*, 1 (381), 1985.

Helpman, E. , Melitz, M. J. , Yeaple, S. R. , "Export Versus FDI with Heterogeneous Firms", *American Economic Review*, 94 (1), 2004.

Helpman, E. , Melitz, M. , Rubinstein, Y. , "Estimating Trade Flows: Trading Partners and Trading Volumes", *Social Science Electronic Publishing*, 123 (2), 2008.

Henard, D. H. , Szymanski, D. M. , "Why Some New Products are More Successful than Others?", *Journal of Marketing Research*, 38 (3), 2001.

Hopenhayn, H. , "Entry, Exit, and Firm Dynamics in Long Run Equilibrium", *Econometrica*, 60, 1992a.

Hopenhayn, H. , "Exit, Selection, and the Value of Firms", *Journal of Economic Dynamics and Control*, 16, 1992b.

Hottman, C. , Weinstein, D. E. , Redding, S. J. , "What is Firm Heterogeneity in Trade Models? The Role of Quality, Scope, Markups, and Cost", *Working Paper*, 2014.

Hsieh, C. T. , Klenow, P. J. , "Misallocation and Manufacturing TFP in China and India", *Quarterly Journal of Economics*, 124 (4), 2009.

Hsieh, C. T. , Klenow, P. J. , "Relative Prices and Relative Prosperity", *Social Science Electronic Publishing*, 97 (3), 2007.

Huang, X. , Soutar, G. N. , Brown, A. , "Measuring New Product Success: An Empirical Investigation of Australian SMEs", *Industrial Marketing Management*, 33 (2), 2004.

Huergo, E. , Jaumandreu, J. , "How Does Probability of Innovation Change with Firm Age", *Small Business Economics*, 22 (3/4), 2004.

Hummels, D. , Ishii, J. , Yi, K. , "The Nature and Growth of Vertical Specialization in World Trade", *Journal of International Economics*, 54 (1), 2001.

Hummels, D. , Klenow, P. J. , "The Variety and Quality of a Nation's Exports", *American Economic Review*, 95 (3), 2005.

Hummels, D. , Lugovskyy, V. , "International Pricing in a Generalized Model of Ideal Variety", *Journal of Money Credit & Banking*, 2009.

Hummels, D. , Skiba, A. , "Shipping the Goods Apples Out? An Empirical Confirmation of the Alchian-Allen Conjecture", *Journal of Political Economy*, 112 (6), 2004.

Hunter, L. , Markusen, J. , "Per Capita Income as a Basis for Trade", *Empirical Methods for International Trade*, ed. Robert Feenstra (Cambridge: MIT Press, 1988).

Impullitti, G. , Licandro, O. , "Trade, Firm Selection, and Innovation: The Competition Channel", *Economic Journal*, 2017.

Irwin, D. A. , "Tariff Incidence: Evidence from U. S. Sugar Duties, 1890 – 1930", *NBER Working Papers*, 2014.

Jaimovich, E. , Merella, V. , "Quality Ladders in a Ricardian Model of Trade with Nonhomothetic Preferences", *Journal of the European Economic Association*, 10 (4), 2012.

Johnson, R. C. , "Trade and Prices with Heterogeneous Firms", *Journal of International Economics*, 86 (1), 2012.

Johnson, S. , Ostry, J. D. , Subramanian, A. , "Prospects for Sustained Growth in Africa: Benchmarking the Constraints", *IMF Staff Papers*, 57 (1), 2010.

Kala K. , "Tariffs VS. Quotas with Endogenous Quality", *NBER Work-

ing Paper No. 1535, 1985.

Kasa, K., "Adjustment Costs and Pricing to Market", *Journal of International Economics*, 32 (1/2), 1992.

Kasahara, H., Rodrigue, J., "Does the Use of Imported Intermediates Increase Productivity? Plant-level Evidence", *Journal of Development Economics*, 87 (1), 2008.

Kavaratzis, M., "Place Branding: A Review of Trends and Conceptual Models", *Marketing Review*, 2005.

Keller, K. L., Heckler, S. E., Houston, M. J., "The Effects of Brand Name Suggestiveness on Advertising Recall", *Journal of Marketing*, 1998.

Khandelwal, A., "The Long and Short (of) Quality Ladders", *Review of Economic Studies*, 77 (4), 2010.

Knack, S., Keefer, P., "Institutions and Economic Performance: Cross-Country Tests Using Alternative Institutional Measures", *Economics and politics*, 7 (3), 1995.

Kneller, R., Yu, Z., "Quality Selection, Chinese Exports and Theories of Heterogeneous Firm Trade", *Discussion Papers*, 2008.

Knetter, M. M., "International Comparisons of Pricing-to-Market Behavior", *American Economic Review*, 83 (3), 1993.

Knetter, M. M., "Price Discrimination by US and German Exporters", *American Economic Review*, 79 (1), 1989.

Kreinin, M. E., "Effect of Tariff Changes on the Prices and Volume of Imports", *American Economic Review*, 51 (3), 1961.

Krishna, K., "Protectionandthe Product Line: Monopoly and Product Quality", *National Bureau of Economic Research*, 31 (1), 1985.

Krishna, K., "Tariffs Versus Quotas with Endogenous Quality", *Journal of International Economics*, 23 (1), 1987.

Krishna, P., Levchenko, A. A., "Comparative Advantage, Complexity, and Volatility", *Journal of Economic Behavior & Organization*, 94 (2), 2013.

Krugman, P. R. , "Pricing to Market When the Exchange Rate Changes", *Real financial linkages among open economies*, eds. Arndt, S. W. , Richardson, J. D. , Cambridge, MA: MIT Press, 1987.

Krugman, P. R. , "Scale Economies, Product Differentiation, and the Pattern of Trade", *American Economic Review*, 70 (5), 1980.

Kugler, M. , "Spillovers from foreign direct investment: Within or between industries?", *Journal of Development Economics*, 80 (2), 2006.

Kugler, M. , Verhoogen, E. A. , "The Quality-Complementarity Hypothesis: Theory and Evidence from Colombia", *Social Science Electronic Publishing*, 2009.

Kugler, M. , Verhoogen, E. , "Plants and Imported Inputs: New Facts and An Interpretation", *The American Economic Review*, 99 (2), 2009.

Kugler, M. , Verhoogen, E. , "Prices, Plant Size, and Product Quality", *Review of Economic Studies*, 79 (1), 2012.

Kugler, M. , Verhoogen, E. , "The Quality-Complementarity Hypothesis: Theory and Evidence from Colombia", *NBER Working Paper* No. 14418, 2008.

Kugler, M. , Zweimueller, J. , "National Income Distributions and International Trade Flows", https://www. researchgate. net/profile/Josef_Zweimueller/publication/229050307_National_income_distributions_and_international_trade_flows/links/5425489e0cf238c6ea73fb44. pdf, 2005.

Lacovone, L. , Smarzynska, J. B. , "Getting Ready: Preparation for Exporting", *Social Science Electronic Publishing*, 2012.

Lambsdorff, J. G. , "An Empirical Investigation of Bribery in International Trade", *European Journal of Development Research*, 10 (1), 1998.

Lankhuizen, M. B. M. , Groot, H. L. F. D. , "Cultural Distance and

International Trade: A Non-Linear Relationship", *Letters in Spatial and Resource Sciences*, 9 (1), 2016.

Latzer, H., Mayneris, F., "Trade in Quality and Income Distribution: An Analysis of the Enlarged EU Market", *Working Papers of BETA*, 2011.

Lee, Y., O'Connor, G. C., "The Impact of Communication Strategy on Launching New Products: The Moderating Role of Product Innovativeness", *Journal of Product Innovation Management*, 20 (1), 2003.

Lemmink, J., Kasper, H., "Competitive Reactions to Product Quality Improvements in Industrial Markets", *European Journal of Marketing*, 28 (12), 1994.

Levchenko, A. A., "Institutional Quality and International Trade", *Review of Economic Studies*, 74 (3), 2007.

Levinsohn, J., "Testing the Imports-As-Market-Discipline Hypothesis", *Journal of International Economics*, 35 (1–2), 1993.

Li, Y., Beghin, J. C., "A Meta-Analysis of Estimates of the Impact of Technical Barriers to Trade", *Journal of Policy Modeling*, 2012.

Linder, S. B., "An Essay on Trade and Transformation", *Journal of Political Economy*, (1), 1961.

Loecker, J. D., Warzynski, F., "Markups and Firm-Level Export Status", *American Economic Review*, 102 (6), 2012.

Lööf, H., Andersson, M., "Imports, Productivity and Origin Markets: The Role of Knowledge-Intensive Economies", *World Economy*, 33 (3), 2010.

Ludema, R. D., Yu, Z., "Tariff Pass-Through, Firm Heterogeneity and Product Quality", *Journal of International Economics*, 103, 2010.

Lukas, B. A., Menon, A., " New Product Quality: Intended and Unintended Consequences of New Product Development Speed", *Journal of Busi-*

ness Research, 57 (11), 2004.

Mallick, S., Marques, H., "Passthrough of Exchange Rate and Tariffs into Import Prices of India: Currency Depreciation versus Import Liberalization", *Review of International Economics*, 16 (4), 2008.

Mandel, B. R., "Heterogeneous Firms and Import Quality: Evidence from Transaction-Level Prices", *SSRN Electronic Journal*, 2008.

Manova, K., Yu, Z., "Multi-Product Firms and Product Quality", *Social Science Electronic Publishing*, 2017.

Manova, K., Zhang, Z., "Export Prices Across Firms and Destinations", *Quarterly Journal of Economics*, 127 (1), 2012.

Manova, K., Zhang, Z., "Export Prices Across Firms and Destinations", *NBER Working Papers*, 127 (1), 2009.

Markusen, J. R., "Explaining the Volume of Trade: An Eclectic Approach", *American Economic Review*, 76 (5), 1986.

Markusen, J. R., "Trade in Producer Services and in Other Specialized Intermediate Inputs", *American Economic Review*, 79 (1), 1989.

Markusen, J. R., "Putting Per-Capita Income back into Trade Theory", Journal of International Economics, 90 (2), 2013.

Marston, R. C., "Pricing to Market in Japanese Manufacturing", *Journal of International Economics*, 29 (3/4), 1990.

Matsubara, K., "Import Penetration and Domestic Process Innovation", *Review of International Economics*, 13 (4), 2005.

Matsuyama, K., "A Ricardian Model with a Continuum of Goods under Non-Homothetic Preferences: Demand Complementarities, Income Distribution, and North-South Trade", *Journal of Political Economy*, 108 (6), 2000.

Mauro, P., "Corruption and Growth", *The Quarterly Journal of Economics*, 110 (3), 1995.

Mayer, T., Melitz, M. J., Ottaviano, G. I. P., "Market Size, Competition, and the Product Mix of Exporters", *Social Science Electronic Publishing*, 104 (2), 2014.

Mayer, T., Melitz, M. J., Ottaviano, G. I. P., "Product Mix and Firm Productivity Responses to Trade Competition", *CFS Working Paper*, 2016.

Melitz, M. J., "The Impact of Trade on Intra-Industry Reallocations and Aggregate Industry Productivity", *Econometrica*, 71 (6), 2003.

Melitz, M. J., Ottaviano, G. I. P., "Market Size, Trade, and Productivity", *Review of Economic Studies*, 75 (3), 2008.

Melitz, M. J., Redding, S. J., "New Trade Models, New Welfare Implications", *American Economic Review*, 105 (3), 2015.

Méon, P. G., Sekkat, K., "Institutional Quality and Trade: Which Institution? Which Trade? ", *Economic Inquiry*, 46 (2), 2008.

Michaely, M., "Trade, Income Levels and Dependence", *Amsterdam: North-Holland Press*, 1984.

Milgrom, P., Roberts, J., "The Economics of Modern Manufacturing: Technology, Strategy, and Organization", *American Economic Review*, 80 (3), 1990.

Miyagiwa, K., Ohno, Y., "Closing the Technology Gap Under Protection", *Discussion Papers in Economics at the University of Washington*, 85 (4), 1995.

Moenius, J., Berkowitz, D., "Institutional Change and Product Composition: Does the Initial Quality of Institutions Matter? ", *William Davidson Institute Working Papers*, 2004.

Molina-Castillo, F. J., Munuera-Aleman J. L., "The Joint Impact of Quality and Innovativeness on Short-Term New Product Performance", *Industrial Marketing Management*, 38 (8), 2009.

Moraga-González, J. L., Viaene, J. M., "Trade Policy and Quality Leadership in Transition Economies", *European Economic Review*, 49 (2), 2005.

Moreau, C. P. , Lehmann, D. R. , Markman, A. B. , "Entrenched Knowledge Structures and Consumer Response to New Products", *Journal of Marketing Research*, 38 (1), 2001.

Moreira, M. , Blyde, J. , "Chile's Integration Strategy: Is There Room for Improvement?", *Intal Working Papers*, 2006.

Morgan, N. A. , Vorhies, D. W. , "Product Quality Alignment and Business Unit Performance", Journal of Product Innovation Management, 18 (6), 2001.

Muendler, M. A. , "Trade, Technology and Productivity: A Study of Brazilian Manufacturers 1986 – 1998", *Social Science Electronic Publishing*, 3, 2004.

Murphy, K. , Shleifer, A. , "Quality and Trade", *Journal of Development Economics*, 53 (1), 1997.

Mussa, M. , Rosen, S. , "Monopoly and Product Quality", *Journal of Economic Theory*, 18 (2), 1978.

Nakamura, E. , Steinsson, J. , "Five Facts About Prices: A Reevaluation of Menu-Cost Models", *Quarterly Journal of Economics*, 123 (4), 2008.

Nakamura, E. , Zerom, D. , "Accounting for Incomplete Pass-Through", *Review of Economic Studies*, 77 (3), 2010.

Nakao, T. , "Product Quality and Market Structure", *Bell Journal of Economics*, 13 (1), 1982.

Ng, F. , Yeats, A. J. , "Production Sharing in East Asia: Who Does What for Whom, and Why?", *Policy Research Working Paper* 2197, 1999.

Nickell, S. J. , "Competition and Corporate Performance", *Journal of Political Economy*, 104 (4), 1993.

Nocke, V. , Yeaple, S. R. , "Globalization and the Size Distribution of Multiproduct Firms", *Social Science Electronic Publishing*, 2008.

Nunn, N. , "Relationship-Specificity, Incomplete Contracts, and the

Pattern of Trade", *Quarterly Journal of Economics*, 122 (2), 2007.

Nunn, N. , Trefler, D. , "Domestic Institutions as a Source of Comparative Advantage", *NBER Working Paper*, No. 18851, 2013.

Obstfeld, Maurice, Kenneth Rogoff, "The Six Major Puzzles in International Macroeconomics: Is There a Common Cause?", *NBER Macroeconomics Annual*, 15 (1), 2000.

Olper, A. , Raimondi, V. , "Market Access Asymmetry in Food Trade", *Review of World Economics*, 144 (3), 2008.

Olson, M. , "Distinguished Lecture on Economics in Government: Big Bills Left on the Sidewalk: Why Some Nations are Rich, and Others Poor", *Journal of Economic Perspectives*, 10 (2), 1996.

Olson, M. , Sarna, N. , Swamy, A. V. , "Governance and Growth: A Simple Hypothesis Explaining Cross-Country Differences in Productivity Growth", *Public Choice*, 102 (3 – 4), 2000.

Ottaviano, G. , I. , P. , Tabuchi, T. , Thisse, J. , F. , "Agglomeration and Trade Revisited", International Economic Review, 43 (2), 2002.

Parisi, M. L. , Schiantarelli, F. , Sembenelli, A. , "Productivity, Innovation and R&D: Micro Evidence for Italy", *European Economic Review*, 50 (8), 2006.

Parsley, D. C. , Wei, S. J. , "Explaining the Border Effect: The Role of Exchange Rate Variability, Shipping Costs, and Geography", *Journal of International Economics*, 55 (1), 2001.

Parsons, C. R. , Nguyen, A. T. , "Import Variety and Productivity in Japan", *Economics Bulletin*, 29 (3), 2009.

Pavcnik, N. , "Trade Liberalization, Exit, and Productivity Improvements: Evidence from Chilean Plants", *Review of Economic Studies*, 69 (1), 2010.

Philip Sauré, "Bounded Love of Variety and Patterns of Trade", *Open*

Economies Review, 23, 2012.

Piveteau, P., Smagghue, G., "A new Method for Quality Estimation U-sing Trade Data: An Application to French firms", http://www.sciencespo.fr/newsletter/actu_medias/6150/Smagghue.pdf, 2013.

Poksinska, B., Pettersen, J., Mattias, E., Eklund, J., Witell, L., "Quality Improvement Activities in Swedish Industry: Drivers, Approaches, and Outcomes", International Journal of Quality and Service Sciences, 2 (2), 2010.

Puga, D., Trefler, D., "Wake Up and Smell the Ginseng: International Trade and the Rise of Incremental Innovation in Low-Wage Countries", *Journal of Development Economics*, 91 (1), 2005.

Ranjan, P., Lee, J. Y., "Contract Enforcement and International Trade", *Economics & Politics*, 19 (2), 2007.

Richardson, P. S., Dick, A. S., Jain, A. K., "Extrinsic and Intrinsic Cue Effects on Perceptions of Store Brand Quality", *Journal of Marketing*, 58 (4), 1994.

Rivera-Batiz, L. A., Romer, P. M., "International Trade with Endogenous Technological Change", *European Economic Review*, 35 (4), 1991.

Rivera-Batiz, L. A., Romer, P., "Economic Integration and Endogenous Growth", *Quarterly Journal of Economics*, 106 (2), 1991.

Rodrìguez-López, J. A., "Prices and Exchange Rates: A Theory of Disconnect", *Review of Economic Studies*, 78 (3), 2011.

Rodrik, D., "Closing the Technology Gap: Does Trade Liberalization Really Help?", *NBER Working Paper*, 1988.

Rodrik, D., "What's So Special about China's Exports?", *China & World Economy*, 14 (5), 2006.

Rodrik, D., "Getting Interventions Right: How South Korea and Taiwan Grew Rich", *Economic Policy*, 10 (20), 1995.

Rodrik, D., "Institutions for High Quality Growth: What They Are and How to Acquire Them", *Studies in Comparative International Development*, 35 (3), 2000.

Rodrik, D., Subramanian, A., Trebbi, F., "Institutions Rule: The Primacy of Institutions Over Geography and Integration in Economic Development", *Journal of Economic Growth*, 9 (2), 2004.

Rogers, E. M., "Diffusion of Innovations", *Journal of Continuing Education in the Health Professions*, 17 (1), 1983.

Romer, P M., "Endogenous Technological Change", *NBER Working Papers*, 98 (98), 1990.

Romer, P. M., "Increasing Returns and Long-Run Growth", *Journal of Political Economy*, 94 (5), 1986.

Romer, P., "Growth Based on Increasing Returns Due to Specialization", *American Economic Review*, 77 (2), 1987.

Rosario, Paolo, "Productivity, Quality and Export Behavior", *Economic Journal*, 122 (565), 2012.

Rosenfeld, S. A., "Creating Smart Systems a Guide to Cluster Strategies in Less Favoured Regions", *Regional Technology Strategies*, 2002.

Rust, R. T., Moorman, C., Dickson, P. T., "Getting Return on Quality: Revenue Expansion, Cost Reduction, Or Both?", *Journal of Marketing a Quarterly Publication of the American Marketing Association*, 66 (4), 2002.

Samuelson, P. A., "Theoretical Notes on Trade Problems", *Review of Economics & Statistics*, 46 (2), 1964.

Sanyal, K. K., Jones, R. W., "The Theory of Trade in Middle Products", *American Economic Review*, 72 (1), 1979.

Saure, Philip, "Bounded Love of Variety and Patterns of Trade", *Open Economies Review*, 23, 2012.

Schott, P. K., "Across-Product Versus Within-Product Specialization in

International Trade", *Quarterly Journal of Economics*, 119 (2), 2004.

Shaked, A., Sutton, John., " Relaxing Price Competition Through Product Differentiation", *Review of Economic Studies*, 49 (1), 1982.

Simonovska, I., "Income Differences and Prices of Tradables", *Society for Economic Dynamics*, 2009.

Srivastava, R. K., Green, R. T., " Determinants of Bilateral Trade Flows", *Journal of Business*, 59 (4), 1986.

Sugita, Y., "Matching, Quality Upgrading, and Trade between Heterogeneous Firms", *CCES Discussion Paper*, 2009.

Sutton, J., "Quality, Trade and the Moving Window: The Globalization Process", *Economic Journal*, 117 (524), 2007.

Sutton, J., "Technology and Market Structure: Theory and History", *Cambridge: The MIT Press*, 1998.

Sutton, J., Trefler, D., "Capabilities, Wealth, and Trade", Journal of Political Economy, 124 (3), 2016.

Swan, K. S., Kotabe, M., Allred, B., "Exploring Robust Design Capabilities, Their Role in Creating Global Products, and Their Relationship to Firm Performance", Journal of Product Innovation Management, 22 (2), 2005.

Tadesse, B., White, R., "Cultural Distance as A Determinant of Bilateral Trade Flows: Do Immigrants Counter the Effect of Cultural Differences?", *Applied Economics Letters*, 17 (2), 2010.

Taylor, J. B., "Low Inflation, Pass-Through, and the Pricing Power of Firms", *European Economic Review*, 44 (7), 2000.

Thatcher, Matt, E., Oliver, Jim, R., "The Impact of Technology Investments on a Firm's Production Efficiency, Product Quality, and Productivity", *Journal of Management Information Systems*, 18 (2), 2001.

Thoenig, M., Verdier, T., "A Theory of Defensive Skill-Biased Innovation and Globalization", *American Economic Review*, 93 (3), 2003.

Topalova, P. , "Trade Liberalization and Firm Productivity", *Global Economy Journal*, 93 (3), 2014.

Trefler, D. , "The Long and Short of The Canada-U. S. Free Trade Agreement", *American Economic Review*, 94 (4), 2004.

Tybout, James, Jaime Demelo, Vittorio Corbo, "The Effects of Trade Reforms on Scale and Technical Efficiency", *Journal of International Economics*, 1991.

Tybout, James, M. Daniel Westbrook, "Trade Liberalization and The Dimensions of Efficiency Change in Mexican Manufacturing Industries", *Journal of International Economics*, 39 (1 – 2), 1995.

Ueng, S. F. , "On Economic Incentive for Quality Upgrading", *Journal of Economics and Business*, 49 (5), 1997.

Uwe D. , Neil F. , Robert S. , Julia W. , "Dimensions of Quality Upgrading", *Economics of Transition*, 13 (1), 2005.

Verhoogen, E. , "Trade, Quality Upgrading and Wage Inequality in the Mexican Manufacturing Sector", *Quarterly Journal of Economics*, 123 (2), 2008.

Veryzer, R. W. , Mozota, B. , "The Impact of User-Oriented Design on New Product Development: An Examination of Fundamental Relationships", *Journal of Product Innovation Management*, 22 (2), 2005.

Villas-Boas S. , "Vertical Contracts Between Manufacturers and Retailers: Inference with Limited Data", *Review of Economic Studies*, 74 (2), 2007.

Vogel, A. , Wagner, J. , "Higher Productivity in Importing German Manufacturing Firms: Self-Selection, Learning from Importing, Or Both?", *Review of World Economics*, 145 (4), 2010.

Warlop, L. , Ratneshwar, S. , Van Osselaer, S. , "Distinctive Brand Cues and Memory for Product Consumption Experiences", *International Jour-*

nal of Research in Marketing, 22 (1), 2005.

Wernerfelt, B. , "Umbrella Branding as A Signal of New Product Quality: An Example of Signaling By Posting a Bond", *Rand Journal of Economics*, 19 (3), 1988.

Wuergler, T. , "Income Distribution and Product Quality versus Variety", *SSRN Electronic Journal*, 2010.

Xu B, Wang J. , "Capital Goods Trade and R&D Spillovers in the OECD", *Canadian Journal of Economics*, 32 (5), 1999.

Yu, M. , "Processing Trade, Tariff Reductions and Firm Productivity: Evidence from Chinese Firms", *China Economic Quarterly*, 125 (585), 2015.

Zeithaml, V. A. , "Consumer Perceptions of Price, Quality and Value: A Means-End Model and Synthesis of Evidence", *Journal of Marketing*, 52 (3), 1988.

Zweimüller, J. , Brunner, J. K. , "Innovation and Growth with Rich and Poor Consumers", *Metroeconomica*, 56 (2), 2010.

后 记

质量研究是永无止境的，能够步入质量领域的研究是我的幸运，这是让我有勇气专注一生追寻的研究领域，本书是质检总局质量管理司和深圳大学共建的质量经济发展研究院孵化出的第一本专门研究质量经济的著作。

本书首先要感谢质检总局质量管理司，我因质量的研究而与质检总局质量管理司结缘，有幸参与质量领域的课题研究，参与第二届和第三届中国质量奖评审、全国质量强市示范城市评审、全国知名品牌创建示范区评审等工作，进一步研究质量理论，让我有更多的实践积淀。

其次要感谢学术领域同人的支持和鼓励，优秀学者们的学术魅力深深感染着我，激励着我始终行走在学术之路上。

再次要感谢深圳大学，她是一所伴随着特区成长起来的大学，具有独特的创新活力和独立自由的学术氛围，更有一种"脚踏实地"的务实精神，给予我无限的宽容与包容，在这里 12 年的研究和执教生涯，让我可以持续多年专注于质量研究，感谢在研究中给予我帮助的领导和同事。

本书是我专注质量经济领域近十年不断思索和领悟的结晶，是首次在深圳大学开设"质量经济学"研究生课程的研究成果，也是指导历届硕士毕业论文的相关研究成果，在此要感谢参与本书撰写和校对工作的刘雅芳、刘正园、吕乔、付雪辉、王庆文、李兰、薛露、王铄玞、许韦荣、赵越等。质量研究之路漫漫，还需要更加专注与精益求精，才能领悟其中的真谛。

2018 年 1 月于深圳荔园

图书在版编目（CIP）数据

质量经济学研究 / 刘伟丽编著. -- 北京：社会科
学文献出版社，2018.1
（质量经济研究丛书）
ISBN 978 - 7 - 5201 - 2176 - 7

Ⅰ.①质…　Ⅱ.①刘…　Ⅲ.①质量管理 - 研究 - 中国
Ⅳ.①F279.23

中国版本图书馆 CIP 数据核字（2018）第 016144 号

质量经济研究丛书
质量经济学研究

编　　著 / 刘伟丽

出 版 人 / 谢寿光
项目统筹 / 周　丽　高　雁
责任编辑 / 高　雁　史晓琳　李　佳

出　　版 / 社会科学文献出版社·经济与管理分社（010）59367226
　　　　　　地址：北京市北三环中路甲 29 号院华龙大厦　邮编：100029
　　　　　　网址：www. ssap. com. cn
发　　行 / 市场营销中心（010）59367081　59367018
印　　装 / 三河市尚艺印装有限公司

规　　格 / 开　本：787mm × 1092mm　1/16
　　　　　　印　张：14.25　字　数：204 千字
版　　次 / 2018 年 1 月第 1 版　2018 年 1 月第 1 次印刷
书　　号 / ISBN 978 - 7 - 5201 - 2176 - 7
定　　价 / 79.00 元

本书如有印装质量问题，请与读者服务中心（010 - 59367028）联系